안 동
문 화
100선
❷❶

임
세
권 任世權

고려대학교와 단국대학교 대학원에서 한국사를 전공했다. 안동대학교 사학과에서 1981년부터 2013년까지 교수
로 재직했다. 현재는 사진작가로 활동하고 있으며 안동에서 〈유안사랑〉이라는 사진 갤러리를 운영한다. 동북아
시아 암각화를 중심 연구분야로 활동하였고 안동과 관련하여 전통마을의 연구와 조사에도 많이 참여하였다. 『한
국의 암각화』(대원사), 『한국금석문집성』(한국국학진흥원), 『후이저우 이야기』(민속원), 『원이엄마』(민속원) 등
의 저작이 있다.

안동의
전탑

글 · 사진
임세권

민 속 원

안 동 의
전   탑

차례

문화유산을 보기 위해서 안동으로 답사여행을 오는 경우 대체로 서원이나 향교 등 조선시대의 유교문화유산이나 하회같은 전통마을을 찾는 사람들이 많다. 그러나 봉정사 등의 불교문화유산을 찾는 경우도 드물지 않다. 사찰 외의 불교문화유산을 찾는 사람들은 전탑을 찾는 것이 일반적이다. 그만큼 안동을 상징하는 문화유산으로서 전탑이 차지하는 비중은 크다. 그 이유는 한국에서 유독 안동에만 전탑이 집중되어 있는 까닭이다.

북쪽을 제외한 세 방향에서 안동을 들어가려면 낙동강을 건너야 한다. 동쪽에서 낙동강을 건너 안동의 동문으로 가는 길목에 서 있는 것이 법흥동 7층전탑이고 남쪽에서 낙동강을 건너면 남문 밖의 운흥동 5층전탑이 서 있다. 또 지금은 없어졌지만 낙동강을 따라 서쪽에서 안동을 들어오려면 현재의 옥동 강변에 서 있었던 임하사터 7층전탑을 만나야 했다. 이 전탑들은 안동을 들어오는 데 피할 수 없었던 안동의 상징적 랜드마크였던 것이다.

탑은 승려의 무덤이다. 다만 불교의 창시자인 석가모니의 탑은 일반 승려의 탑과는 구별된다. 석가모니가 죽은 후 인도의 장례 풍습을 따라 화장을 했더니 많은 사리가 나왔다. 이 사리를 인도의 여덟 나라에 나누어 주었고 각 나라

동쪽에서 안동으로 들어가려면 낙동강을 건너 우뚝 선 법흥동 7층전탑을 만나게 된다.
탑 뒤의 기와집은 고성이씨 탑동종택이다. 탑이 세워질 당시에는 법흥사가 자리잡고 있었을 것이다.

에서는 그 사리를 봉안한 탑을 세웠다. 이것이 불탑의 기원이라고 할 수 있다. 이후 불탑은 불교의 가장 중요한 예배의 대상이 되었고 그래서 불교 사찰에서는 사리가 없어도 사찰 마당의 중심에 탑을 세운다. 이 탑은 당연히 석가모니를 상징한다.

석가모니의 탑은 그냥 탑이라고 부르지만 승려의 탑은 탑이라는 말보다는 일반적으로 부도浮屠라고 부른다. 부도라는 말도 석가모니를 가리키는 붓다 Buddha라는 말에서 온 것이라는 설이 있고 또 탑의 인도 산스크리트 말인 스투파Stupa에서 왔다고도 한다. 부도를 부도탑이라고도 하는데 이는 탑이란 말을 겹쳐 사용하는 것이다. 부도의 어원은 자세히 알 수 없지만, 일반적으로 한국에서의 부도라는 말은 승려의 탑을 말한다. 사찰의 중심에는 불탑이 있으니 부도는 사찰의 중심에 세울 수 없고 사찰의 입구 또는 뒤쪽의 언덕 등에 세운다.

그런데 승려의 탑 즉 부도에는 벽돌로 쌓은 것은 없다. 오늘날 전하는 전탑은 모두 불탑이라 할 수 있다. 사찰의 중심에 세워지지 않은 전탑들도 있긴 하다. 여주 신륵사 전탑은 사찰의 외부 강가 바위 절벽 위에 있고 전탑은 아니지만, 전탑을 그대로 모방한 전탑계 모전석탑[1]인 영양의 삼지리 모전석탑도 사찰 앞의 큰 바위 위에 세웠다. 이처럼 사찰 중심공간을 벗어난 전탑들은 전탑이 유행한 전성기를 벗어난 후기의 변형일 가능성이 있다.

현재의 안동시에 있는 불탑 중에서 석탑들은 대체로 고려시대 이후의 것들이고 규모나 형식도 비교적 왜소하거나 신라시대의 전형적인 형식을 많이 볼수 없다. 비교적 규모와 형식을 갖추고 있는 통일신라시대 석탑으로 평화동삼층석탑 정도를 들 수 있을 뿐이다. 그에 비해 전탑은 규모도 크고 형식도 애초에 세웠던 형식을 그대로 보여주지는 못하지만 지금까지 잘 남아 있는 편이다.

---

1   돌을 벽돌처럼 잘라 전탑과 완전히 동일한 형태로 쌓은 탑을 말한다. 여러 명칭이 있으나 여기서는 '문화재관리국, 『분황사석탑 실측조사보고서』, 1992, 14쪽'의 분류를 따른다.

전탑은 한국에 남아 있는 불탑으로서는 매우 이질적인 존재이다. 이 글에서 말하는 전탑은 전탑의 형태를 그대로 모방하여 돌로 쌓은 전탑계 모전석탑까지 포함한다. 그렇다고 해도 충북 제천의 장락리 모전석탑과 영양의 산해리 모전석탑 등 몇 군데가 들어갈 수 있을 정도이다. 이나마도 영양군은 안동과 인접한 곳으로 신라시대에는 거의 같은 문화권에 속하므로 한 지역이나 다름 없었다.

따라서 이전 연구자들의 전탑에 관한 관심은 주로 지역성에 두어질 수 밖에 없었다. 즉 왜 안동에 전탑이 집중 분포하는가? 하는 것이다. 그 다음으로는 어떻게 벽돌탑이 등장했는가에 대한 관심이었다.

그러나 전탑은 안동 뿐 아니라 경주에도 상당수가 있었다. 경주를 비롯한 경주 인근 지역에 전탑이 있었을 것으로 알려진 사찰은 경주시의 삼랑사터, 금장리 절터, 영묘사, 덕동 전탑터,[2] 인왕동 전탑터, 석장사터 등과 청도군의 운문사와 불령사, 그리고 울주군의 농소면 절터 등이다.

실제로 경주 지역의 전탑들은 안동의 전탑들보다 더 이른 시기에 세워진 것들이다. 이미 선덕여왕 때 양지良志가 만들었다는 석장사 전탑이 삼국유사에 등장한 것이나 또 비슷한 시기에 전탑과 완전히 같은 양식인 분황사 모전석탑이 세워졌던 것을 볼 때 경주 지역에는 통일 이전의 고신라 시기에 전탑이 등장했음을 알 수 있다.

곧 전탑은 안동을 중심으로 한 지역에만 있었던 것이 아니며 신라의 중심지였던 경주 일대에는 안동보다도 빨리 상당수의 전탑이 세워졌던 것이다. 그러면 안동의 전탑은 경주에서 온 것인가? 이러한 의문도 당연히 일어날 수 있다.

이제 안동에 집중 분포되어 있는 전탑의 현황을 살펴보고 왜 그들이 안동에 집중되어 있는지, 또 안동의 전탑과 경주의 전탑이 어떤 관계를 가지고 있는지, 전탑의 본래 모습은 어떤 것인지, 개별적인 전탑의 사례들을 살펴보면서 구체적으로 알아보기로 한다.

2 　박홍국, 『한국의 전탑연구』, 학연문화사, 1998, 60~62쪽.

안동의 불탑 현황

안동지역의 석탑

　안동지역의 석탑들은 대체로 규모가 작고 건립 시대 또한 고려시대 이후의 것들이 많다. 통일신라의 석탑으로 규모와 형식 면에서 안동을 대표한다고 할 수 있는 것으로 보물 114호 평화동 3층석탑을 들 수 있으나 나머지는 대체로 소규모라 할 수 있다. 작은 석탑들은 대부분 도난되거나 또는 제 자리를 잃어버린 것들이 많다. 또 여러 사찰의 경내에도 석탑의 부재들이 남아 있기도 하고 민가의 뜰에도 있는 것으로 보아 지금 남은 것보다는 훨씬 더 많은 석탑들이 있었을 것으로 추정된다. 현재 알려진 안동시의 석탑들은 모두 19기 정도 알려져 있으며 영가지에 기록된 목록을 포함하면 조선시대까지 모두 23기였던 것으로 파악되고 있다.[1]

　평화동 3층석탑 외에 주목할만한 안동시의 석탑들로는 임하리의 십이지삼층석탑과 동삼층석탑을 들 수 있고 모전석탑으로는 단층으로 된 전탑계 모전석탑인 대사리 모전석탑과 석탑계 모전석탑인 풍산읍 하리동 모전석탑이 알려져 있다.

1　신용철, 「경북 안동지역 불탑의 편년과 특징」, 『한국민족문화』 34, 91~134쪽.

안동 평화동 3층석탑
일직 조탑동 민가의 폐탑 석재

　　임하리 십이지삼층석탑은 하층기단에 십이지상, 상층기단에 팔부신중을 새
긴 것으로 경북 북부지역에서 자주 볼 수 있는 형식의 탑이다. 임하리 동삼층
석탑은 상층기단 갑석 위에 연화문 탑신받침을 만들고 그 위에 탑신을 올린
고려시대의 독특한 특징을 보여준다. 이외에도 임하리에는 오층석탑과 중앙삼
층석탑으로 알려진 또 하나의 삼층석탑이 있다. 오층석탑은 탑신의 옥신석 중
심에 하나씩의 기둥을 새겨 특이한 형식을 보여주기도 한다.

　　현재 복원된 임하리 중앙삼층석탑은 서로 다른 두 개의 탑재들이 섞여 있어
서 본래는 그 자리에 두 개의 탑이 있었을 것으로 보인다. 이처럼 임하리는
독특한 형식의 석탑들이 다양하게 분포되어 있어 안동지역의 석탑을 이해하는
데 매우 중요한 곳이라 할 수 있다.

　　안동을 비롯한 경북 북부지역의 석탑들은 경주지역의 석탑들과 구별되는
점이 있는데 가장 크게 눈에 띄는 것은 석탑의 외부에 새겨진 다양한 부조들

임하리 십이지 삼층석탑

임하면 금소리의 주택 마당에 있었던 팔부신중을 새긴 면석들
이 탑은 현재 전하지 않는다

을 들 수 있다. 가장 많은 부조 장식을 한 것은 하층기단의 12장 면석에 12지 신상, 상층기단의 8장 면석에 팔부신중, 그리고 1층 옥신석의 네 면에는 사천 왕을 새겼다. 그러나 12지가 없는 것도 있고 사천왕만 새긴 것도 있는 등 모든 탑의 장식이 일정한 것은 아니다.

경북 북부지역의 안동 인접지역에서 이러한 유형의 석탑을 든다면 영양의 화천리 삼층석탑과 현일리 삼층석탑, 의성 관덕리 삼층석탑, 예천의 개심사지 오층석탑과 동본동 삼층석탑 등을 들 수 있다. 이 중에서 개심사지 오층석탑 은 1층 옥신석에 사천왕 대신 남쪽에 인왕상을 새겼고 동본동 삼층석탑은 12 지와 사천왕이 생략되고 상층기단 면석에 팔부신중만 새긴 것으로 변형으로 보인다.

안동의 석탑 중에서 12지신상과 팔부신중 사천왕 등을 고루 갖춘 석탑은 알려진 것이 없으나 사천왕이 생략되고 하층기단에 12지상 상층기단에 팔부 신중을 새긴 임하1리의 12지삼층석탑이 같은 유형의 탑이라 할 수 있을 것이 다. 또 임하면 금소리에도 팔부신중을 새긴 면석을 가진 석탑이 있었으나 지 금은 전하지 않는다. 안동대학교 박물관에도 팔부신중이 새겨진 면석이 있다. 이 면석들이 어데서 온 것인지는 알 수 없으나 안동대학교가 처음 있던 안동 시 명륜동의 운동장에서 출토된 것으로 전하고 있다. 이곳은 향교가 있던 곳 인데 본래는 절이 있던 곳으로 추정되고 있다. 이런 사례들을 보면 안동에도 십이지와 팔부신중 등을 장식한 석탑들이 상당수 있었던 것을 알 수 있다. 이 는 안동지역 석탑들이 경북 북부지역의 석탑의 형식적 특징을 잘 구현하고 있 다고 하겠다.

안동지역의 전탑

안동의 전탑은 규모로 보면 단연 안동의 불탑을 대표한다.

안동지역에서 벽돌로 쌓은 순수한 전탑으로 거의 원형을 유지하고 있는 것은 현재 법흥동7층전탑, 운흥동5층전탑, 조탑동5층전탑 등 3기 뿐이다. 다만 조탑동5층전탑은 1층 옥신이 크고 작은 여러 화강암 석재를 쌓아 만들었기 때문에 순수한 전탑으로 보지 않는 견해도 있다.[2]

법흥동7층전탑은 높이 14.6미터[3]로 한국 불탑 중에서 가장 크다. 뿐 아니라 다른 전탑들이 대체로 소형의 형식적 탑실을 설치한 것에 비해 사람이 안에 들어가서 예불을 올릴 수 있는 본격적인 탑실을 갖추고 있는 탑이다. 또한 기단부에 사천왕이나 팔부신중이 새겨진 면석들이 있어서 외관에서도 화려한 장식적 면모를 갖추고 있다.

조탑리5층전탑과 운흥동5층전탑은 함께 무기단식이며 또 1층에 탑실을 갖추고 있는 점에서 공통점이 있다. 또 운흥동5층전탑은 영가지에 법림사전탑이라는 이름으로 기록되어 있으며 7층이었다고 한다. 조탑리5층전탑도 영가지에 일직3탑 중 큰 전탑으로 기록되어 있어 조선시대 중엽에도 상당히 주목받았던 전탑이었음을 알 수 있다. 조탑리 5층전탑의 4층 이상의 탑신 조사에서 1915년에 제작된 벽돌이 확인되었다. 그래서 이 탑은 5층이라기보다는 7층이었을 가능성도 생각해 볼 수 있다.

지상구조가 밑 부분 일부만 확인되었던 임하사터 전탑도 영가지 기록에 의하면 7층이었다. 또 현재 1층 밖에 남아 있지 않지만 금계리 다층전탑도 완전히 무너지기 전의 사진을 보면 5층 또는 7층이었을 가능성이 있다.

이로 보면 안동의 전탑들은 규모와 관계없이 대부분 7층으로 되어 있었음을 알 수 있다.

그 밖에 기단 일부가 남아 있는 북후면 옥산사 전탑터가 있고 또 전탑계 모전석탑의 하나로 알려진 길안면 대사리 모전석탑이 있다. 옥산사 전탑터는

2 박홍국, 『한국의 전탑연구』, 학연문화사, 1998, 91쪽.
3 지금까지 이 탑의 높이는 17미터로 알려져 있었는데 2002년 12월 안동시에서 정밀 실측한 결과 14.6~14.7미터로 확인되었다.

다른 전탑들과 달리 산 정상부 가까이에 있으며 현재 기단부 면석으로 보이는 판석들이 네 면에 남아 있는데 탑의 실체는 분명히 있었을 것이나 구체적 모습을 알 수 없어 이 글에서는 제외하기로 하였다.

또 대사리 모전석탑의 경우도 단층으로 되어 있다는 것 외에 탑신에 비해 기단부가 높은 편으로 일반적인 전탑이나 모전석탑과는 형식면에서 차이가 크다. 또한 규모도 매우 작아서 이 탑을 모전탑으로 분류하는 것이 적절한가에 대해서는 의구심이 있다. 따라서 이 글에서는 다루지 않을 것이다.

이 밖에 전탑이 있었다는 미미한 흔적이 전해지는 곳으로 서후면 태장리의 개목사 전탑지도 있으나 현재 흔적이 거의 남아 있지 않다.

법흥동 7층전탑

역사 기록 속의 법흥동 7층전탑

법흥동 7층전탑은 전탑으로서는 유일하게 국보(16호)로 지정되어 있으며 한국 전탑 중 규모가 가장 크다. 이곳은 현재 행정 동명이 법흥동이며 조선시대까지 법흥사法興寺라는 절이 있었다. 1608년 편찬된 영가지永嘉誌에는 법흥동 칠층전탑이 법흥사전탑으로 등장한다. 이 문헌의 법흥사는 영가지가 편찬되던 17세기 초에 이미 퇴락하여 세 칸짜리 작은 건물 하나만 남아 있었다.[1] 그러나 같은 영가지에 법흥사전탑은 안동부에서 5리 지점에 있다고 하고 또 법흥사는 안동부에서 3리 지점에 있다고 하여 거리상 차이를 보이고 있다. 조선시대 10리는 현재의 5km에 해당되므로 5리는 2.5km이다. 현재 법흥동 전탑이 있는 곳은 옛 관아가 있던 곳[2]에서 1.3km 정도 된다. 이것은 전통 이수里數로 보면 2.5리 쯤 되므로 법흥사가 안동부에서 3리 떨어졌다는 것이 맞는 것으로 보인다. 따라서 법흥사전탑의 5리 표기는 잘못된 것이라 하겠다.

---

[1]   『永嘉誌』 卷3 佛宇條
[2]   현재의 웅부공원은 안동부 관아가 있던 곳이다. 따라서 안동에서 얼마 떨어졌다고 할 때 기준은 이 자리로 보아야 할 것이다.

정면에서 본 법흥동 7층전탑 2층 이상의 옥신석 높이가 아주 조금씩 줄어들었다.

신증동국여지승람에는 법흥사에 대해서 노래한 박효수의 시[3]에

이 절에 오르면 황홀하여 공중에 있는 것 같다.

는 표현이 있다.

---

3 『신증동국여지승람』 제24권 안동대도호부 불우조(『신증동국여지승람』 3, 민족문화추진회, 『고전
   국역총서』 42, 1967, 422쪽).

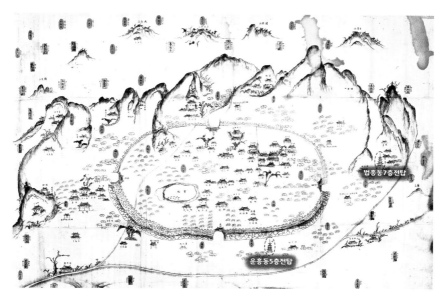

안동읍도 남문 오른쪽으로 있는 탑이 법림사전탑(현 운흥동5층전탑)이고 동문 오른쪽의 탑이 법흥사전탑(현 법흥동7층전탑)이다. (한글표기: 필자)

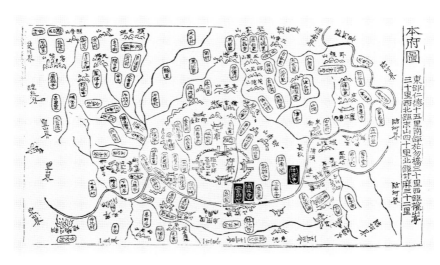

영가지 본부도의 법흥사와 법림사. 운흥사의 위치(반전 표시: 필자)

절에 오르면 공중에 있는 것같다고 한 귀절을 보면 절은 산 중턱에 있었다고 추정된다. 현재의 낙동강이 탑에서 상당히 아래쪽에 흐르는 것을 볼 때 당시의 길은 강물을 따라 아래쪽에 있었을 것이다. 그렇다면 현재 탑이 있는 곳도 강 가의 길에서 보면 산중턱이라고 할 수 있겠다.

영가지의 지도에는 법흥사가 표시되어 있으며 19세기 말 제작된 것으로 보이는 안동읍도에는 법흥사전탑이 그림으로 나와 있다. 지도상으로 현재의 운흥동 5층전탑인 법림사 전탑이 남문 밖에 우뚝 서 있고 법흥동 7층전탑 즉, 법흥사 전탑이 동문 밖에 우뚝 서 있다.

이 탑이 실경산수에 등장하는 사례가 있다. 1763년 안동의 선비 이종악李宗岳(1726~1773)이 그린 반변천 연안의 12명승을 그린 허주부군산수유첩虛舟府君山水遺帖[4]의 첫 번째 그림인 동호해람東湖解纜이 그것이다. 그림은 중심부에 이종악이 살았던 임청각을 크게 그렸고 그림의 오른쪽 끝에 7층전탑이 보인다. 물론 기단부까지의 자세히 묘사된 것은 아니지만 일곱 층의 탑신이 뚜렷하다.

1602년에 편찬이 시작되어 1608년 초고가 완성된 안동의 읍지인 영가지에는 법흥동 7층전탑 즉 법흥사전탑과 관련하여 아래와 같은 기록이 있다.

> **법흥사전탑法興寺塼塔** 부성府城의 동쪽 5리지점에 있다. 7층이며 본부本府의 대비보大神補이다. 성화成化 정미년丁未年에 개축하였다. 위에 금동의 장식이 있었는데 이고李股가 철거해서 관官에 납품하여 객사客舍에 필요한 집기를 만들었다.[5]

위 기록을 보면 이 탑은 성화成化 정미년丁未年 즉 1487년에 다시 고쳐 쌓았음을 알 수 있다.

---

4 이종악, 『국역 허주유고』, 임청각, 2008.
5 『영가지』 권3 고탑

이 기록에 나오는 탑 위에 금동의 장식이 있었다 함은 상륜부로 추정된다. 또한 이고李股라는 사람이 그 상륜을 철거하여 관청에 납품해서 객사에 사용하는 집기를 만들었다고 하는데 이 당시 상륜만 철거하였는지 아니면 탑이 전반적으로 도괴되었는지는 알 수 없다.

이고李股는 성종에서 연산군 시기에 청풍군수를 지내고 안동으로 내려와서 안동의 류향소 좌수가 되었다고 하며 좌수였을 당시 관청의 잘못을 많이 시정했다고 전하고 있다.[6] 이고가 안동으로 내려온 시기는 대체로 중종이후일 것으로 추정되며 16세기 전반일 것이다. 따라서 이 시기는 탑을 보수한 시기로부터 50년 가량이 지났을 때로 보이며 탑은 도괴될 정도로 나쁜 상태는 아니었을 것이다.

이고가 탑의 상륜부만 제거했다면 탑은 1487년에 고쳐쌓은 상태에서 그리 크게 훼손된 상태는 아니었을 것이며 1600년대 초에도 법흥사가 사찰로서 남아있었으므로 탑의 관리 상태도 어느 정도 유지되고 있었을 것으로 추정된다.

탑의 환경과 외관

현재 전탑이 있는 위치로부터 동남쪽으로 10여 미터 앞에는 낙동강이 흐르며 서쪽으로는 급경사의 영남산 자락이 끝난 곳에서 매우 좁은 공간 만이 있을 뿐이다. 탑의 동북쪽 역시 산비탈로 되어 사찰이 들어서기 어려운 지형이며 탑의 서북쪽과 동북쪽 사이에 약간의 평지가 있어 절을 세울 정도가 된다. 이 곳에는 현재 고성이씨固城李氏의 종가가 있는데 사찰이 있었다면 종가 건물보다 그리 크지 않았으리라고 짐작된다. 따라서 탑의 규모에 비해 사찰은 소규모였을 것으로 미루어볼 수 있다.

---

6   송지향, 『안동향토지』 하, 대성문화사, 1983, 559쪽.

탑의 정면으로 낙동강을 건너면 바로 급경사의 산 사면이 막아서고 있으며 서남쪽으로 비스듬히 낙동강과 반변천이 합류되는 지점이 보인다. 이 합류 지점은 두 강물이 모여 바다처럼 넓은 강폭을 만들어 매우 장쾌한 풍경을 이루고 있다. 안동을 중심으로 한 경북의 북부지역에 있는 전탑은 산 위에서 산 아래 들판을 내려다 보고 있는 산지형과 강 가에 붙어 자리 잡은 강안형으로 크게 나누어지는데[7] 이 탑은 강안형 전탑의 전형적인 예이다.

이렇게 탑의 앞으로 강물이 흐르고 멀리 탁 트인 전망은 안동지역 전탑이 보여주는 일반적인 특징의 하나이다. 이는 본래 7층이었던 운흥동 5층전탑이나 임하사터 7층전탑에서도 마찬가지로 볼 수 있다. 7층의 대형 전탑들이 안동을 감싸고 흐르는 낙동강의 동쪽과 중앙 그리고 서쪽에 자리잡고 있는 것은 불교의 힘으로 안동을 보호한다는 당시의 관념이 작용하였을 것으로 보인다. 또 풍수적인 요인이 작용하였을 가능성도 생각해볼 수 있다.

국보16호인 안동 법흥동 7층전탑은 한국에 현존하는 최대 규모의 전탑으로 높이가 14.5미터에서 14.7미터에 달한다.[8] 이는 석탑과 전탑을 통틀어서도 국내 최대 규모이다. 그런데 1920년대에 작성된 것으로 보이는 실측도에는 방향에 따라 다르기는 하지만 전체 높이가 12.3미터 정도로 나와 있다. 이는 7층 옥개가 거의 남아 있지 않고 또 탑이 서 있는 지면도 지금보다 더 높았기 때문으로 보인다. 이 전탑은 본래 법흥사에 속한 것이었으며 앞에 소개한 영가지 기록에 의하면 17세기 초에도 소규모의 사찰이 남아 있었다. 또한 현재 전탑이 서 있는 행정구역도 법흥동으로 되어 있어서 이곳이 법흥사 옛터라는 것은 쉽게 알 수 있다. 현재 탑의 북쪽에 붙어서 고성이씨 종택이 자리를 잡고 있는데 이 종택이 앉은 위치가 법흥사가 있던 곳일 것이다.

7   임세권, 「한국 전탑의 전래와 변천과정」, 『미술사학연구』242 · 243 합집, 한국미술사학회, 2004, 15쪽.
8   지금까지 법흥동 7층전탑의 높이는 17미터로 알려져 왔으나 2002년 12월 정밀 실측한 결과 보는 방향에 따라 14.5미터에서 14.7미터인 것으로 보고되었다. (안동시, 『안동신세동7층전탑 정밀사진 실측 및 보수복원방안 조사보고서』, 안동시, 2003, 222~223쪽 도면.

고성이씨 탑동종택과 법흥동 7층전탑
탑의 정면(동남쪽)으로 낙동강을 마주하고 있다. 법흥사는 현재의 종택 건물 자리에 있었을 것이다.

탑의 네 모서리는 거의 동 서 남 북을 향하였고 탑실의 문이 달린 정면은 동남을 향하고 있다. 앞으로 서술의 편의를 위해 탑의 서남쪽을 좌측면, 동북쪽을 우측면, 서북쪽을 후면으로 부르고자 한다. 탑실 문이 동남을 향한 것은 낙동강과 직각이 되도록 한 것일 수도 있는데 탑이 강과 밀접한 관계가 있을 가능성을 보여주는 것이라 할 수 있다.

앞의 영가지 기록에서 본 대로 이 탑의 상륜부는 이미 16세기 중반 이전에 철거되어 없어졌다. 기단부도 현재의 형태를 보면 본래의 모습에서 크게 변형되었음을 알 수 있다. 그러나 7층으로 된 탑신부는 탑실이 있는 1층부터 마지막 7층까지 본래 형태를 거의 유지하고 있는 것으로 보인다.

현재 탑은 보는 방향에 따라 다르지만 중심축이 1°에서 2° 정도 기울어져 있다. 멀리서 보면 기울기의 크기는 실제보다 더 커 보인다. 이렇게 탑이 기울어진 원인을 지금까지 바로 옆으로 지나가는 중앙선의 열차 진동에 의한 것으로 보아 왔다. 그러나 중앙선 건설 이전에 제작된 것으로 보이는 실측도면을 보면 1930년대 이전에 이미 탑은 지금처럼 기울어졌음이 확인된다.

실측도는 1932년 촬영된 사진과 거의 유사하지만 1932년의 사진이 정면의 무너진 벽돌들이 깨끗하게 보수되었고 중앙 계단도 실측도면과 달리 탑실의 문앞까지 완전하게 만들어진 것을 볼 수 있다. 이는 탑을 보수하기 위해 먼저 작성한 도면으로 보이고 사진의 전탑은 보수작업 이후의 것으로 보인다. 다만 기단부 상면의 시멘트가 깨진 부분이 있는 것으로 보아 전탑의 보수작업은 적어도 1932년보다 몇 년 앞서서 시행되었을 것이다.

탑신부의 각층 높이의 비례는 1층과 2층에서는 2층 옥신이 1층의 4분의 1 정도로 차이가 크다. 그러나 2층에서 7층까지의 옥신과 옥개는 벽돌 한 층씩을 줄여나가는 방식으로 높이를 줄이고 있어서 옥신의 높이가 거의 차이가 보이지 않을 정도이다. 이러한 형식은 중국의 밀첨식 전탑과 유사하다.

1 2
3 4

1. 1914년 전탑을 동쪽에서 본 모습 탑의 앞에 밭이 있고 밭의 돌담으로 기단부가 가려져 있다.
2. 정면 사진 탑의 앞에 밭이 있고 밭의 돌담이 탑을 가리고 있어 기단부의 면석은 보이지 않는다.
3. 보수된 후 1932년 촬영 사진 무너진 옥개의 처마부분과 7층 옥개가 말끔히 보수되었다.
4. 1932년 이전에 작성된 정면 실측도 탑이 지금처럼 기울어져 있는 것을 볼 수 있다.
(사진: 국립중앙박물관 소장의 유리건판)

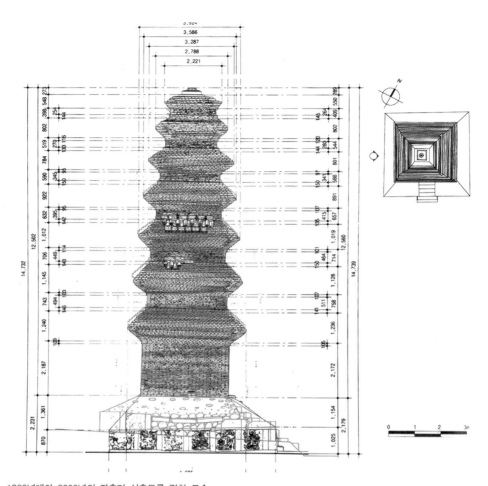

1920년대와 2002년의 좌측면 실측도를 겹친 모습
탑의 기울기가 지금과 일치하고 있고 지표가 지금(파란색)보다 높다.
빨간색: 1920년대(국립중앙박물관 소장 유리건판), 파란색: (안동시, 『안동신세동7층전탑』, 2003, 219쪽)

탑 앞으로 흐르는 낙동강
멀리 보이는 다리 아래쪽이 반변천과 합류되는 지점이다.

기단부

탑의 가장 두드러진 특징은 기단의 형태에 있다. 기단 상면은 탑신 밑 부분에서 비스듬히 경사진 형태로 되어 있고 시멘트로 덮여 있다. 구체적으로 살펴보면 기단은 1층 옥신의 밑면에서 사면을 이루면서 비스듬히 아래로 흘러내리다가 지면 위 약 1m 높이에서 수직의 기단벽을 만들고 있다. 1층 옥신석에서 기단벽까지의 수평거리는 1.1m에서 1.8m까지 차이가 크다. 가장 거리가 먼 쪽은 정면이다. 그러나 기단 벽석의 높이는 네 면이 약간씩 차이가 있지만 대략 1미터 정도이다. 이처럼 옥신에서 기단의 네 벽까지의 거리가 일정하지 않은 것은 기단이 본래 형태에서 많이 변형되었다는 것을 의미한다.

법흥동7층전탑 정면 면석

법흥동7층전탑 좌측 면석

법흥동7층전탑 우측 면석

북쪽 면석에 끼워진 면석 한 장

　기단의 네 벽면에는 사천왕이나 팔부신중 등 불교의 신상들을 새긴 면석들
이 붙어 있다. 현재 정면과 오른쪽 왼쪽의 기단 벽에는 각각 6장씩의 면석이
붙어 있다. 북쪽에는 거의 돌과 시멘트로 되어 있는데 중간에 마멸이 심한 면석
조각이 하나 있다. 따라서 현재 기단 벽면에 붙어 있는 면석은 모두 19장이다.
　이 면석들의 현재 모습은 과거 촬영된 사진으로 보면 처음부터 기단 면석으로 사용되었는지 단언하기 어렵다. 먼저 1914년 촬영된 사진의 기단은 잡석들이 흙 속에 섞여 있는 상태로 기단 대부분이 무너진 상태이다. 사진의 기단 상태는 초층 옥신의 측면 벽 아래 기단 상면이 측면 벽면에서 수직으로 내려앉은 듯이 보인다. 이것은 탑이 서 있는 지반이 수직으로 내려앉았기 때문으로 추정된다.

또 1914년 촬영된 기단 면석들은 무너진 기단에 붙어 있는 것도 있으나 본래의 것이라기보다는 주변의 것들을 억지로 기단 벽에 붙인 것으로 보인다. 아마 이 면석들은 탑 주변에 여기저기 흩어져 있었을 가능성이 크다. 탑 정면에 있는 밭의 경계담이 찍힌 사진에는 면석 한 장이 돌담에 끼어 있는 것이 보인다. 이런 형태의 불상을 새긴 면석들은 석탑의 기단부에 사용되기도 하고 또 건물의 기단부에도 사용할 수 있으나 현재의 면석들이 어떤 구조물에 사용한 것인지는 알 수 없다.

左. **1914년 촬영된 면석** 사진 왼쪽은 현재 우측 면석의 5번이고 오른쪽은 현재 정면 면석의 좌측 2번이다. (사진: 국립중앙박물관 유리건판)

右. **1914년 촬영.** 좌측은 현재 우측 면석 1번, 중앙은 현재 정면 면석의 4번, 우측은 현재 정면 면석의 6번 면석의 윗부분에서 전탑의 하단 벽돌이 현재보다 높이 차이가 크지 않다. (사진: 국립중앙박물관 유리건판)

左. 1914년의 면석 사진 좌측면과 정면이 만나는 모서리의 좌측에 있는 것으로 현재의 좌측 4번 면석이다.
　　(사진: 국립중앙박물관 유리건판)
右. 현재 기단의 우측 6번 면석으로 보인다.
　　(사진: 국립중앙박물관 유리건판)

左. 현재의 정면 4번 면석 (사진: 국립중앙박물관 유리건판)
右. 1932년 촬영된 정면 우측 끝의 면석. 현재 정면 1번 면석 (사진: 국립중앙박물관 유리건판)

허리 밑부분이 흙에 묻혀 있으나 현재의 우측 4번임이 확실하다.
현재 상태는 이끼가 덮이고 풍화로 인해 세부 형태가 잘 보이지 않으나 어깨와 가슴의 갑옷 문양이라든가 손에 든 지물은
형태로 보아 탑으로 보인다. 사천왕의 다문천왕으로 추정된다.
(사진: 국립중앙박물관 유리건판)

上. 현재 기단부 모습 사진 오른쪽이 정면인데 중앙 계단 좌우에 각 세 장씩의 면석이 있다.
下. 1932년 촬영된 기단부 기단 정면의 면석이 좌우 각 2장인 것이 현재와 다르다.
　　면석의 위치는 1914년 사진과 같다. (사진: 국립중앙박물관 유리건판)

1932년 사진의 기단은 윗면을 비스듬하게 정리하고 시멘트를 덮은 것이 현재 모습과 비슷하다. 기단 위의 시멘트는 파손된 부분이 많다. 이런 모양으로 보수된 것은 1920년대 후반이었을 가능성이 있다. 기단의 전체적인 형태는 지금과 비슷한 데 비해 면석들의 위치는 지금과 다르다. 특히 이 사진의 기단 정면에는 좌우 각 두 장씩 네 장의 면석이 있는데 현재 기단 정면에는 양 측면 기단과 마찬가지로 6장의 면석이 있다. 당시 작성된 실측도에는 정면에 4장, 좌측면에 4장 우측면에 4장 후면에 5장 등 모두 17장의 면석이 있다.

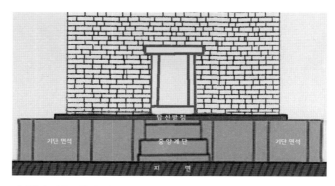

기단부가 있을 경우의 기단 추정 복원도

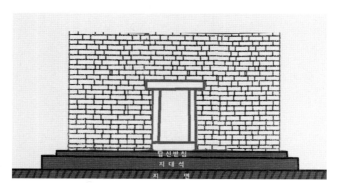

무기단일 경우의 기단 추정 복원도

기단의 네 벽에 모두 지금과 같은 면석이 붙어 있었다고 가정하면 현재처럼 기단 한 쪽에 6장씩 있을 경우 모두 24장의 면석이 있어야 한다. 또 1932년 사진처럼 정면에 네 장의 면석이 있었고 나머지 면에 6장씩 있었다면 모두 22장의 면석이 있었을 것이다. 만일 기단에 면석이 붙어 있었다면 정면 기단의 중앙에 있는 계단으로 인해 정면에는 좌우 2장씩 네 장의 면석이 있었을 것이 합리적이다.

기단의 형태는 기단 면석 상면이 탑신의 밑부분과 수평을 이루었을 것으로 보는 것이 합리적이다. 의성 탑리 5층석탑과 같은 석탑계 모전석탑의 구조를 보면 대개는 단층기단으로 되어 있다. 따라서 전탑의 기단부도 단층기단으로 되어 있었을 것으로 보는 견해가 일반적이다. 그러나 안동지역의 전탑들을 보면 뚜렷한 단층기단으로 볼 수 있는 사례가 없다. 그렇다면 법흥동 7층전탑도 기단이 없었을 가능성도 클 것으로 생각한다. 기단이 있을 경우와 없을 경우를 추정하여 상상해보면 위의 그림과 같을 것이다.

탑신부

탑신은 옥신과 옥개로 구성된다. 옥신屋身은 탑의 몸체를 말하며 옥개屋蓋는 지붕을 말한다. 따라서 각층은 층마다 옥신과 옥개가 있다.

옥신은 옥신의 밑부분에 내어쌓기로 두 층의 벽돌을 쌓아 옥신받침을 만들고 그 위에 옥신을 올렸다. 옥신의 위에는 다시 내어쌓기로 두 층의 벽돌로 옥개 받침을 만들었다. 그 위에 옥개를 쌓아 올렸다. 다만 1층 옥신에는 밑부분에 옥신받침이 없는데 이는 조선 후기에 보수할 때 없어진 것이 아닌가 생각된다. 옥신에 쌓은 벽돌의 층은 1층이 35 층, 218 센티미터로 높은 편이다. 2층은 높이가 크게 줄어드는데 옥신의 아래 위로 약 10 센티미터의 두 층으로 쌓은 옥신받침과 옥개 받침이 있고 그 사이에 높이 49센티미터, 9층의 벽돌을

안동 법흥동 7층전탑의 근경과 하늘에서 본 모습

쌓았다. 3층부터는 옥신받침과 옥개받침을 제외하면 층마다 벽돌 한 장씩 줄어들어 맨 위의 7층 옥신은 벽돌 4장으로 쌓았다. 이 7층 옥신은 1914년 사진에는 벽돌 두 장이 보이고 있는데 무너진 상태여서 1920년대 후반 복원할 때 4장으로 쌓은 것으로 추정된다.

중국의 탑들은 목탑이든 전탑이든 규모가 거대하고 내부가 다층 누각형으로 되어 있어서 층마다 방이 있고 그 곳에 불상을 안치했다. 중국 불탑이 한국으로 들어왔을 때 초기에는 거대한 목탑이 세워져 중국의 탑과 비슷했다고 추정된다. 그러나 석탑으로 바뀌면서 목탑에 비해 왜소해지기 때문에 내부에 방을 둘 수 없어 상징적으로 흉내만 낸 정도로 만들었다.

석탑에는 대체로 탑실塔室[9]이 없고 탑실이 있음을 상징적으로 보여주기 위해 1층 옥신에 탑실의 문이나 자물쇠를 상징적으로 조각한 것이 있을 뿐이다.

그러나 전탑이나 전탑계 모전석탑은 탑의 형태가 제대로 남아 있는 경우 대부분이 1층에 크든 작든 탑실을 가지고 있다. 그중 가장 큰 탑실을 가진 것이 법흥동 7층전탑이다. 물론 탑실이 큰 것은 탑의 규모가 큰 탓도 있을 것이다. 탑실에는 대체로 불상을 안치하였으며 이는 중국의 규모가 큰 전탑의 구조를 그대로 가져왔기 때문일 것이다.

국립박물관에 소장된 유리건판 중에는 법흥동 7층 전탑 옆에 있는 작은 석불 사진이 있다. 이 석불은 마애불 형태로 제작된 것인데 탑실 속에 있던 것으로 추정되며 지금은 사라지고 없다.

탑실의 출입문은 장방형이며, 문지방과 양쪽 문설주 그리고 문의 위에 얹은 상인방은 모두 화강암 장대석을 사용하였다. 탑실 안에서 보면 문 위의 벽돌이 아치형을 이루고 있는데 본래의 형태인지는 알 수 없다. 문을 들어서서 탑실 내부로 들어가려면 탑실까지 길이 74cm 폭 71cm 높이 96cm의 통로를 지

---

9   지금까지 탑의 구조에서 탑에 설치된 작은 방들을 감실(龕室)이라고 불렀다. 감실은 벽면 일부를 파고 그 안에 작은 불상이나 또는 위패를 안치한 것을 말한다. 그러나 법흥동 7층전탑처럼 탑 내부에 본격적인 방을 만들고 불상을 큰 불상을 안치하여 예불 공간의 기능을 하는 경우는 감실보다 탑실이라고 하는 것이 합리적이라고 생각하여 이 글에서는 탑실이라는 말을 사용한다.

탑실 안에 있었던 것으로 추정되는 석불 사진 (사진: 국립중앙박물관 유리건판)

난다. 이 통로는 벽돌로 쌓은 전탑의 중심부에 탑실을 설치하였기 때문에 만들어진 구조일 것이다.

탑실은 폭 149cm 길이 170cm 정도의 장방형이며 높이는 약 143cm 정도이다. 거의 수직으로 올라간 벽체의 위로는 천장 중심까지 비스듬히 경사를 지어 중심을 향하여 벽돌을 들여쌓기를 하였다. 벽체 위에서 천장 중심까지의 수직 높이는 방향에 따라 약 50~55cm이다. 따라서 탑실 바닥에서 천장 중심까지의 높이는 193~197센티미터에 이른다. 석실 안에 서서 보면 석실은 마치 고구려 고분의 석실 같다. 천장 중심에는 지름 약 50cm 가량의 구멍이 뚫려있는데 이 구멍은 현재 중간이 막혀 있지만 본래는 탑의 꼭대기까지 통했을 것으로 추정된다.

구멍은 심주공心柱孔이라고 하는데 탑을 쌓을 때 탑의 중심을 잡기 위한 심주 즉 중심기둥을 세우는 데 사용된 것이다. 이 기둥을 중심으로 사방으로 벽돌을 쌓아 올렸다. 대부분 탑이 완성된 뒤에도 심주는 탑의 구조물의 일부로서 남아 있게 되는데 법흥동 전탑의 경우 탑실이 실제 예불을 드릴 수 있는 공간으로 사용하기 위해 제거되었을 것이다.

옥개는 옥신을 덮는 지붕이다. 따라서 목탑은 거대한 목조 건물이고 층마다 불상을 모시고 예불을 올리는 공간이 있는 다층 누각식 건물이기 때문에 비가 새지 않도록 기와로 지붕을 덮었다. 그러나 전탑에서는 기와를 덮지 않고 벽돌을 쌓아 만들었기 때문에 계단식으로 처리되었다.

옥개는 소위 낙수면이라고 하는 지붕의 윗면과 그 밑의 낙수면을 받치고 있는 낙수면 받침으로 구분되는데 전탑의 경우 낙수면은 벽돌이 계단식으로 쌓여 있고 낙수면 받침은 계단을 거꾸로 뒤집은 형태로 쌓여 있다. 이 낙수면과 낙수면 받침은 옥신의 벽돌 단수가 줄어드는 것과 같은 비율로 줄어든다. 1층 옥개의 낙수면은 10단의 벽돌을 쌓았고 2층 옥개 낙수면부터는 벽돌 1단씩 줄어들어 마지막 7층 낙수면은 3단의 벽돌로 되어 있다. 낙수면 받침 역시 마찬가지로 1층은 벽돌 9단이고 그로부터 한 층씩 줄어들어 7층은 3단으로

탑실문의 외부(왼쪽)와 내부

탑실의 내부 벽면 상태와 천장 중심의 심주공

되어 있다.

  그런데 법흥동 7층전탑의 옥개 위에는 일부 기와가 얹혀 있는 것이 보인다. 이처럼 옥개에 기와가 덮여 있는 예는 안동 운흥동 5층전탑에서도 볼 수 있다. 법흥동 전탑과 운흥동 전탑의 기와는 전탑에 본래 기와가 덮여 있었다는 중요한 근거가 되고 있다.

  법흥동 7층전탑에 얹힌 기와를 보면 석회와 시멘트를 이용하여 억지로 기와를 고정시킨 것을 볼 수 있다. 이는 석회가 오래되어 떨어지면 기와도 함께 미끌어져 떨어질 수밖에 없다. 그래서 현재 법흥동 7층전탑에 남아 있는 기와는 정면의 4층(5층에는 기와가 붙어 있던 흔적 만 남았다) 그리고 좌측면의 2층과 3층 옥개 상면에 약간의 기와가 있을 뿐이다. 1914년과 1932년의 사진에는 정면의 4층과 5층 그리고 좌측의 2층과 3층에 기와가 보인다. 이 기와들은 시멘트를 두텁게 발라 그 위에 고정한 것이 사진으로 확인된다.

법흥동7층전탑 옥개석의 기와

44

이렇게 일부 전탑의 옥개석에 기와가 덮여 있는 것은 조선시대의 중수 과정에서 추가되었을 것이다. 옥개의 윗면은 기와를 얹기에는 경사가 너무 급하다. 또 기와를 지붕에 얹기 위해서는 기와 한 장 한 장을 고정하기 위한 기와걸이를 지붕에 설치하고 그것을 이용해서 기와가 미끄러지지 못하게 한다. 그런데 전탑 옥개의 윗면에는 이와 같은 장치가 없다. 따라서 기와를 얹으면 미끄러져서 떨어지게 된다.

신라가 받아들인 중국 당나라 때의 전탑도 기와가 없다. 지금도 당나라의 수도였던 시안에는 높이 70미터 전후의 거대한 전탑들이 남아 있지만 기와가 있는 것은 없다. 전탑에 본래 기와가 없었다는 것은 석탑계 모전석탑의 옥개석을 보면 더 분명하다. 현재 남아 있는 모든 석탑계 모전석탑들은 옥개석 상면을 계단식으로 만들었다. 전탑을 충실히 석탑으로 모방한 탑이기 때문에 기와가 있었다면 옥개석에 기와까지 조각하였을 것이다. 그렇게 생각할 수 있는 것은 신라시대의 부도 중에는 기와지붕을 완벽하게 재현한 것들을 여러 기 볼 수 있기 때문이다.[10]

의성 탑리 5층 모전석탑의 옥개석   낙수면을 전탑처럼 계단식으로 만들었다.

---

10 대표적 사례로 화순 쌍봉사의 철감선사탑을 들 수 있다.

1920년대 후반에 보수할 때 삽입된 것으로 추정되는
화강석재

옥개에서 또 하나 눈에 뜨이는 부분은 1층 옥개의 동쪽 모서리 밑면에 벽돌 대신 끼워 넣은 화강암제 탑재이다. 이 돌은 옥개의 모서리에 맞춰서 벽돌이 2층으로 올려진 형태로 깎은 것이다. 이는 지금까지 많은 연구자들이 옥개의 벽돌이 무너지지 않게 견고하게 하는 방법으로 사용한 것으로 해석했다. 그러나 1914년 촬영 사진에는 1층 옥개의 동쪽 모서리 부분이 무너지고 많은 벽돌이 탈락하여 지금 보이는 화강암 석재는 없는 것이 확인된다. 전탑의 현재 모습은 1932년 촬영된 전탑과 거의 같다. 따라서 1932년의 전탑 외형은 지금까지 유지되었다고 볼 수 있을 것이다. 이 화강암 석재는 1920년대 후반 전탑을 대대적으로 보수하면서 삽입된 것으로 보인다.

상륜부

상륜부는 현재 남아 있지 않으나 최상층 옥개석 상면에 화강석으로 된 방형의 석재가 있는데 한변 70cm 높이 12cm 정도이다. 이 석재가 본래 석탑에 사용된 것인지는 확인할 수 없다. 석재 위에는 석재보다 약간 작은 방형의 철판이 있고 그 위에 시멘트로 만든 원반형 뚜껑 같은 것이 있다. 이들이 언제부터 탑 정상부에 있었는지는 알 수 없다.

그런데 앞에 소개한 일제 강점기의 실측도에는 노반석 비슷한 석재 모습이 보인다. 다른 방향의 도면을 보면 이 석재는 평면이 4각형으로 보이는데 측면이 둥그스름하게 다듬어져 있고 윗면에 약간 층을 두어 장식처리를 하고 있다. 이것이 노반석이라면 중심에 구멍이 있을 것으로 추정되지만 도면만으로는 알 수 없다. 다만 현재 탑의 최상부에 있는 석재와 다르다는 것은 확인된다.

앞에서 본 것처럼 영가지에 의하면 금동제의 상륜부가 있었으며 이고李股라는 사람에 의해서 철거되어 객사의 집기로 만들었다고 한다. 영가지에는 법림사 전탑 즉, 운흥동5층전탑에도 법흥사전탑과 같은 장식이 탑 위에 있었다고 하는 것으로 보아 역시 금동제의 상륜부를 가졌던 것으로 추정된다. 석탑에는 대개 금속제 찰주를 석탑 마지막 층의 옥개석 위에 세우고 석재 상륜부를 끼워 올린데 비해 전탑에는 일반적으로 금속제 찰주에 금동제 상륜을 올린 것으로 보인다. 이는 칠곡 송림사 전탑의 상륜부로 미루어 알 수 있다.

1. 일제 강점기 실측도 중 상륜부의 일부로 보이는 석재
   (파란색: 국립중앙박물관 유리건판 사진에서 작성)
2. 송림사 전탑의 상륜부
3. 노반석으로 보이는 최상부의 방형석재.
   철판으로 덮여 있고 위에는 원반형의 시멘트 제품이 있다.

운흥동 5층전탑

역사 기록 속의 운흥동 5층 전탑

운흥동 5층전탑에 관한 옛 기록으로는 영가지가 대표적이다.

영가지에는 법림사와 법림사전탑法林寺塼塔 두 유적이 따로 소개되어 있다. 기록을 옮기면 아래와 같다.

> **법림사전탑**法林寺甎塔 부성府城의 남문 밖에 있으며 7층이다. 본부本府의 대비
> 보大裨補이다. 위에는 법흥사탑法興寺塔과 같은 장식이 있다. 만력萬曆 무술년
> 1598에 명나라 장군 양등산楊登山의 군인들이 철거하였다.[1]

> **법림사**法林寺 부성府城의 남쪽에 있다. 지금은 단지 세 칸만 남아 있다. 흙으로
> 만든 부처가 셋, 흙으로 만든 코끼리와 사자가 각 한 개씩 있다.[2]

영가지의 고탑조는 탑이 제 모습으로 남아 있지 않고 사찰도 원래의 모습을

---

1 『영가지』 권6 고탑
2 『영가지』 권6 고적

운흥동 5층전탑

잃어버린 상태인 경우를 기록한 것이다. 사찰 또한 영가지가 편찬되던 당시 즉 1602년에 사찰의 기능이 제대로 살아 있는 경우에는 불우佛宇조에 기록하였다.

따라서 법림사가 고적조에 있는 것은 이미 사찰로서의 기능이 정상적으로 살아있지 않다는 것을 의미한다. 법림사는 당시 법흥사와 마찬가지로 세 칸짜리 작은 건물 하나가 겨우 남아 있었고 그 안에 흙으로 만든 부처 즉 토불 세 좌와 역시 흙으로 만든 코끼리와 사자가 있었다고 한 것으로 보아 사찰은 이름만 겨우 유지되고 있었을 것이다. 아마도 그때까지 남아 있던 무너져가는 폐탑에 의존하여 작은 절을 짓고 탑을 모시고 있었는지도 알 수 없다.

전탑의 기록에서 우선 현재와 다른 점을 든다면 7층이었다는 것이다. 그 다음으로는 탑 위에 법흥사탑과 같은 장식이 있었다고 한 것으로 보아 금동제 상륜부가 있었다는 것이다. 법흥사탑 즉 법흥동 7층전탑에는 금동제 장식이 있었는데 이고라는 사람이 철거하여 객사의 집기를 만들었다고 했다. 이 법림사전탑 즉 운흥동 5층전탑의 상륜부는 임진왜란 때 조선에 참전했던 명나라 양등산이라는 장군의 병사들에 의해 철거되었다고 하니 햇볕에 반짝이는 금동제의 상륜은 무척 탐나는 물건으로 보였었던 것을 상상할 수 있다.

운흥동 5층전탑의 고기록으로는 고지도를 뺄 수 없다. 여기서는 법흥동 7층전탑에서 소개했던 영가지의 본부지도와 안동읍도에서 운흥동 전탑을 찾아보기로 한다.

영가지의 본부도에는 전탑의 기록은 보이지 않고 남문의 동남쪽으로 법림사의 명칭만 나온다. 그런데 주목되는 것은 법림사 서쪽으로 운흥사라는 이름이 나란히 표기되어 있다는 점이다. 그러나 영가지의 당시 존재했던 사찰을 기록한 불우佛宇나 탑을 기록한 고탑古塔 어디에도 운흥사는 나오지 않는다. 따라서 운흥사라는 절이 실재 존재했는지는 알 수 없다. 아마도 두 사찰이 붙어서 표기되어 있는 것으로 보아 운흥사는 법림사와 별개의 절이라기 보다는 같은 절의 다른 이름이었을 것으로 보는 것이 옳을 것이다.

운흥동 5층전탑의 설경

앞에서 소개한 조선 말기의 안동읍도에는 법림사 5층전탑 위치에는 탑 그림과 함께 '탑'이라고만 표기되어 있다.

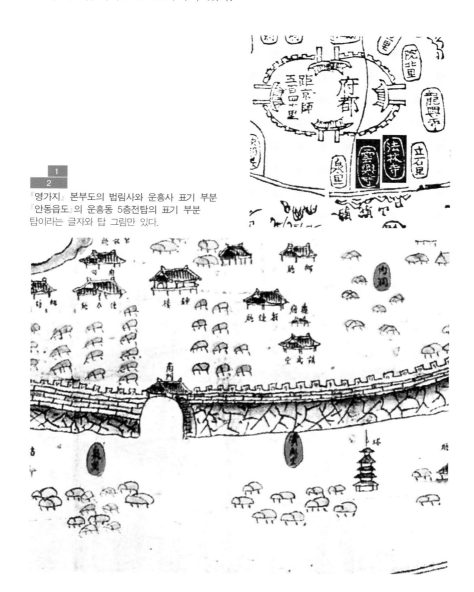

『영가지』 본부도의 법림사와 운흥사 표기 부분
『안동읍도』의 운흥동 5층전탑의 표기 부분
탑이라는 글자와 탑 그림만 있다.

탑의 위치와 환경

　지금 운흥동 5층전탑이 있는 곳은 과거의 중앙선의 안동역 구내이다. 현재 중앙선이 고속전철화 되면서 안동역사는 안동시내에서 동쪽으로 약 4킬로미터 떨어진 송현동으로 옮겼지만 아직 역사 건물과 철로가 있던 넓은 구역이 그대로 남아 있다. 또 기차역 구역의 남쪽 끝에는 낙동강 제방이 남아 있으며 제방에서 강 쪽으로는 강에 인접한 넓은 강변을 메워 만든 탈춤 축제장을 비롯한 여러 건물들이 있다.

　따라서 운흥동 전탑에서 남쪽을 보면 기차역의 담이 없더라도 강의 제방이 막혀 있어서 강은 보이지 않는다. 그러나 안동을 지나가는 중앙선 구간의 공사가 진행되던 시기는 1930년대 후반이다. 그 이전에는 현재의 안동역 일대는 낙동강변의 저지대로 논과 밭과 습지가 전개된 넓은 개활지였다. 실제로 7층이었던 운흥동 5층전탑에서 남쪽을 보면 강가의 넓은 충적 평야 뒤로 낙동강이 보였을 것이다. 반대로 강 건너에서 안동을 향하여 강을 건너오면 첫 번째 보이는 것이 운흥동 전탑과 법림사였을 것이니 이 탑은 안동시의 남쪽에 서 있는 상징적 표지물이었을 것이다.

　탑의 북쪽으로는 안동읍성이 있고 서북쪽으로 읍성의 남문이 있었다. 말하자면 법림사는 안동읍의 남쪽을 대표하는 사찰의 하나였고 17세기 초만 하더라도 7층으로 우뚝 선 전탑이 안동의 지표로서 역할을 하고 있었던 것이다. 법림사에서 서쪽을 보면 벌판 건너로 법룡사가 있었다. 지금 법룡사는 안동시내 주택가 속에 있어서 사람들 눈에 잘 뜨이지 않는다. 그러나 아래 사진에서 보는 것처럼 2층 누각형 대웅전 건물이 벌판에 우뚝서서 법림사와 함께 안동을 남쪽에서 지켜주는 존재였다.

　운흥동 전탑의 북쪽으로 안동읍을 가로지르면 영남산이 북에서 오는 바람을 막아선다. 또 전탑의 동남쪽으로 약 700미터 떨어진 곳에서 북쪽에서 흘러온 낙동강과 동쪽에서 흘러온 반변천이 합류된다. 그러나 1990년대까지

법룡사　　　운흥동전탑

上. 1914년 촬영의 안동시 남쪽의 넓은 벌판　안동시 서쪽의 서악사에서 본 풍경으로 오른쪽 위에 낙동강이 보인다.
　　(사진: 국립중앙박물관 유리건판)
下. 옛 기차역 구내에 있는 운흥동 5층전탑

는 전탑에서 남쪽으로 강의 제방까지 180미터 밖에 되지 않았다. 강의 합류지점까지도 4~500미터 밖에 되지 않는다. 그러므로 탑이 서 있는 곳은 큰 비가 올 경우 반변천과 낙동강의 물이 합수되어 범람하여 침수가 되는 경우가 많은 곳이기도 하다.

이처럼 전탑이 서 있는 곳이 홍수에 취약하다는 것은 법림사가 이미 조선 중기에 쇠퇴하고 명맥이 끊어진 사정을 짐작하게 한다. 이는 전탑 역시 제모습을 지키기 어려운 환경을 가지고 있었다고 생각할 수 있다. 이러한 환경에서 통일신라 시대에 세워진 전탑이 조선 중기까지 7층을 유지할 수 있었다는 것 만해도 대단히 어려운 일이었을 것이다. 이렇게 볼 때 현재의 전탑의 모습은 탑이 완전히 무너진 후 다시 쌓은 것이라고 추정된다.

탑의 외형과 구조

이 탑은 현재 기단이 없이 탑신 받침만 있는 5층 전탑이다. 그러나 앞에서 소개한 17세기 초에 편찬된 영가지에는 7층으로 되어 있다. 현재 높이는 8.35미터이지만[3] 7층이었으면 지금보다 훨씬 높았을 것이다.

1층에는 소형 탑실이 있고 2층에는 인왕상을 새긴 화강암 판석이 벽돌 틈에 끼어 있다. 또 2층과 3층에는 지금까지 소형 감실이라고 알려진 작은 사각형의 창이 뚫려 있다.

탑의 옥개 상면에는 기와가 덮여 있는데 이는 본래 없었던 것을 조선 후기 탑을 새로 쌓을 때 덮었을 것으로 추정된다. 전탑에 본래 기와가 없었음은 앞의 법홍동 7층전탑에서 설명한 바 있다. 전탑의 재료인 벽돌은 흡수율이 높을 뿐 아니라 경도가 낮아서 깨지기 쉬워 오랜 세월 동안 유지되기 어려운 속성이 있다. 따라서 전탑은 어느 정도 세월이 지나면 대대적 보수가 필요하고 심

---

3   일제 강점기에 작성된 실측도에는 높이가 7.9미터로 되어 있다.

할 경우 거의 다시 쌓는다고 할 정도로 대대적 수리를 하여야 한다.

　운흥동 전탑도 여러 차례 보수가 이루어졌을 것이고 17세기 초 7층이었으나 조선 후기 어느 시기에 대대적 보수를 거쳐 5층으로 낮아졌고 옥개의 윗면에 기와도 덮었을 것으로 생각할 수 있다. 전탑의 1층 옥개석 받침의 벽돌 한 장에는 '1962년 개수'라는 글자가 새겨진 것을 볼 수 있다. 개수라는 말은 고쳐 쌓았다는 말이므로 이 글자는 1962년에 크게 보수했음을 알려준다.

'1962년 개수'라는 글씨를 새긴 벽돌　탑을 보수한 뒤 벽돌을 쪼아 새겼다.

이 글자를 새긴 사람이 보수작업에 참여한 사람인지는 확인할 수 없으나 글씨체가 매우 정제되고 새긴 깊이도 다른 낙서와 비교해서 깊은 것으로 보면 보수작업을 끝내고 새긴 것으로 볼 수 있다. 보수를 하고 다시 문화유산을 훼손하였으니 이해할 수 없는 부끄러운 사례이기도 하다. 운흥동 전탑은 1963년에 보물로 되었는데 이는 1962년의 대대적 보수 이후에 지정되었을 것이다.

영가지 기록에 탑 위에 법흥사 전탑과 같은 형태의 장식이 있었다고 하니 이는 금동제 상륜부가 있었음을 말해주는데 17세기 초만 해도 탑은 매우 당당한 모습으로 안동의 한 상징물로서 존재했음을 알 수 있다.

탑의 밑부분을 보면 기단이 없고 지대석과 탑신 받침 만 있다. 탑의 밑 부분인 지대석은 현 지표면보다 40센티미터 가량 낮아서 탑이 지표면 아래로 꺼져 있는 듯 보인다. 이는 1930년대 후반 중앙선 철도 공사를 하면서 이 부근의 지면이 전체적으로 높아졌기 때문으로 보인다.

1914년 촬영된 사진이나 당시 작성된 실측도를 보면 탑은 평탄한 밭 가운데 둥글게 쌓인 나지막한 흙 언덕 위에 서 있었다. 도면상으로 언덕의 높이는 약 1미터 정도이며 언덕의 지름은 8미터 정도이다.

이처럼 전탑이 낮은 언덕 위에 서 있는 경우를 조탑동 5층전탑에서도 볼 수 있는데 두 탑은 모두 밭 가운데 있어서 오랜 기간의 경작으로 인해 지면이 낮아졌기 때문일 것이다. 따라서 이 전탑들은 하부 구조가 대체로 평지에 기단 없이 지대석과 탑신 받침만으로 구성되어 있었을 것으로 추정할 수 있다.

지대석 위로 2단의 장대석 탑신 받침을 놓고 그 위에 바로 벽돌로 탑을 쌓아 올렸다. 지대석은 넓적한 판석을 탑신받침에서 약 30센티미터 정도 밖으로 나오도록 깔았다. 정면 지대석의 길이는 약 3.8미터이다. 두 층의 탑신 받침은 장대석의 윗면을 곡면으로 깎아 2단으로 처리하였다.

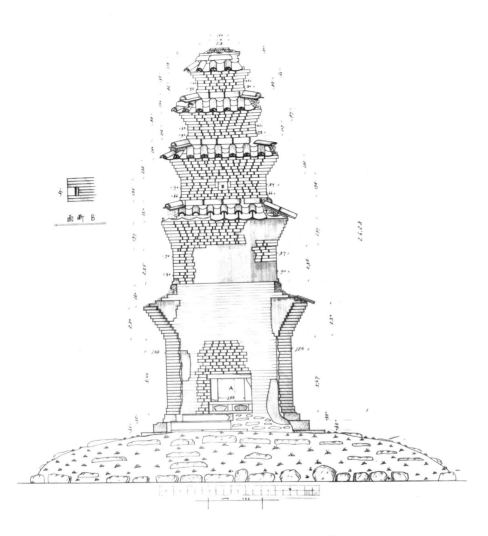

일제강점기에 작성된 운흥동 5층전탑의 정면 실측도면(국립중앙박물관 유리건판)

조선고적도보 4권의 운흥동5층전탑
왼쪽으로 멀리 보이는 기와집은 누각처럼 보이는데 위치로 보아 안동 읍성의 남문일 것으로 추정된다.

左. 『조선고적도보』 4권의 사진과 같은 시기로 보이는 전탑 측면 사진(사진: 국립중앙박물관 유리건판)
右. 보수 후 1932년 촬영 사진　현재의 모습과 동일하다.

　　운흥동 5층전탑의 옥신과 옥개에서 가장 큰 특징은 기와를 덮은 옥개를 들
수 있다. 옥개에 기와를 올린 흔적이 있는 전탑으로는 앞서 소개한 법흥동 7
층전탑에서도 볼 수 있었으나 옥개 위의 기와가 완벽하게 남아 있는 전탑은
운흥동 5층전탑이 유일하다. 이러한 법흥동 전탑과 운흥동 전탑의 기와는 전
탑에 본래 기와를 사용했을 것이라는 주장의 근거가 되기도 했다. 그러나 앞
에서 언급한 것처럼 전탑에는 본래 기와가 없었다고 보아야 한다.

정면에서 본 지대석과 탑신받침

측면에서 본 지대석과 탑신 받침

옥신은 다른 전탑과 크게 다른 점이 없다. 1층의 맨 밑에는 벽돌을 두층으로 올려 옥신받침을 만들고 그 위에 약간 안으로 들여서 옥신을 올렸다. 옥신은 모두 23층으로 벽돌을 쌓아 올리고 그 위에 밖으로 내어쌓기로 다시 두층의 벽돌을 올렸다. 이 옥신 위의 벽돌 두 층은 옥개 받침으로 볼 수 있다. 이러한 옥신의 형태는 법흥동 7층전탑과 동일하다.

2층 옥신의 남면에는 인왕상이 부조된 화강암 판석이 남쪽 면에 끼워져 있다. 이 인왕상 판석은 1914년 촬영 당시에는 탑에서 떨어져 인근 민가의 벽에 기대어 있었다. 인왕상 부조 판석은 폭이 약 77센티미터 높이 약 70센티미터인데 높이는 2층 옥신의 높이와 일치한다.

左. 운흥동 5층전탑 2층 옥신의 인왕상
右. 1914년 촬영된 인왕상 사진 민가 벽에 기대어 있다.

전탑에 인왕상이 있는 유적으로는 일직면 조탑리 5층전탑이 있다. 조탑리의 경우는 1층 탑실 양쪽에 별개로 조각된 인왕상을 세웠다. 그러나 운흥동의 전탑에서는 2층의 옥신 남면에 인왕상 한 쌍을 하나의 판석에 새겨 붙인 것으로 조탑리 전탑과는 차이가 있다. 석탑에서도 인왕상은 사리를 안치한 1층 옥신석의 정면에 새긴 것이 대부분이다. 그것은 사리를 안치한 탑실의 문을 지키는 것을 상징한 것이다.

그런데 운흥동 전탑에서는 탑실이 1층에 있으므로 인왕상이 탑실과는 관계가 없다고 보아야 한다. 이러한 인왕상의 위치는 탑에 장식된 사례 중에서는 매우 특이한 경우이다. 이런 이유로 이 인왕상이 처음 탑이 세워질 때 현재의 위치에 있었는지에 대해서도 의심하는 견해도 있다.[4]

옥개는 상면 즉 낙수면의 폭이 매우 짧으며 전체에 기와를 덮었다. 이 기와는 본래 없던 것으로 조선 후기 보수하면서 덮은 것이다.

옥개 받침의 벽돌 단수는 1층 9단, 2층 7단, 3층 6단, 4층 4단, 5층 3단으로 한 층마다 2단 또는 1단씩 줄어드는데 감소율이 일정하지 않은 것은 여러 차례의 보수로 인한 것으로 볼 수 있다.

옥개 상면에 올린 기와는 위에서 말한 것처럼 처음부터 있던 것이라고 볼 수 없다. 조선 후기에 탑을 새로 쌓는 수준으로 보수하였던 것으로 보이는데 기와지붕은 이 때 벽돌을 오랫동안 유지하기 위한 방책으로 만들었을 것이다. 1910년대의 사진에는 탑의 모서리 벽돌이 무너지면서 기와를 얹기 위한 목재의 틀이 1층 옥개 처마부분에 노출된 것이 보인다. 이는 옥개의 구조를 파격적으로 바꾸어 기와를 올리기 좋게 한 것이다.

옥신의 구조는 기본적으로 옥신의 하부에 옥신받침, 상부에 옥개받침을 둔 것으로 보이는데 현재 눈에 보이는 것은 층마다 조금씩 다르다. 1층은 2단의 옥신받침이 뚜렷하지만 2층 이상의 옥신받침은 기와로 인해 정확하게 보이지 않는다. 옥개받침도 1층과 2층은 뚜렷하게 2단씩 보이지만 3층 이상에서는 보

---

4   박홍국, 『한국의 전탑연구』, 학연문화사, 1998, 144쪽.

이지 않는다. 그러나 1층과 2
층의 형태를 미루어 추정한다
면 모든 옥신에서 2단의 옥신
받침과 옥개받침이 있었을 것
이다.

1층 옥신의 정면(남쪽)에는
소형 탑실이 있다. 탑실은 1
층 남면의 탑신받침 바로 위
에 폭 80센티미터 높이 85센
티미터 깊이 50센티미터 정도
의 공간을 만들고 밑바닥과

1층 옥개의 처마 부분에 보이는 기와를 위한 목재 틀 구조
(국립중앙박물관 유리건판 사진의 부분 확대)

양쪽 벽 그리고 양쪽 벽 위에 얹은 천장 등을 화강석으로 막아 작은 방을 만들
었다.

2층 옥신과 3층 옥개받침 옥신받침은 보이지 않으나 2단의 옥개받침(원표시부분)이 뚜렷하다.

이 방의 양쪽 측면의 우측은 완전히 직선으로 면을 맞추고 있으나 왼쪽은 위 아래의 판석이 왼쪽 측면벽 밖으로 약간 나와 있어 좌우가 균형이 맞지 않는다. 이는 이 탑실이 탑이 세워졌을 때의 본래 모습이 아니라 조선후기에 전면적으로 보수하면서 잘못된 것으로 추정된다. 따라서 사용된 석재도 통일신라 시대의 세련된 형태가 아니라 거칠게 다듬은 것으로 보아 본래의 것이 아님을 알 수 있다.

탑실의 밑면에 받친 두터운 판석은 정면으로 두 개의 장방형 칸을 나누고 각각 안상을 새겼다. 길이는 대략 88센티미터 두께는 24센티미터이다. 이 석재도 다른 용도의 것을 수습하여 사용한 것으로 보인다. 양 측면에 벽석으로 세운 판석은 높이 47센티미터 두께 15센티미터 정도이다. 벽석 위에 천장으로 올려진 판석은 길이 90센티미터 두께 12센티미터 정도로 비교적 얇은 편이며 천장 전체를 한 장으로 덮었다.

이렇게 만들어진 탑실의 내부 크기는 폭 55센티미터 높이 47센티미터 안쪽 깊이 약 50센티미터이다. 탑실의 내부는 안쪽으로 벽돌을 3단 쌓아서 전체 공간을 두 층으로 만들었다. 소형 불상을 안치하기 위한 시설로 보인다.

운흥동 5층전탑 정면 탑실문과 측면 벽석

2층 옥신의 정면을 제외한 세 면과 3층 옥신의 정면에는 조그만 방형의 창이 보인다. 3층 정면 창의 크기는 현재 벽돌 두장 두께의 높이와 그보다 약간 넓은 폭으로 보이는데 같은 창이 1932년 복원 전에 작성된 것으로 보이는 실측도에 폭과 높이가 20센티미터 정도의 방형으로 되어 있다. 이는 벽돌 세 장 정도의 두께에 해당되는 것으로 현재보다 높이가 더 높다. 그러나 3층 옥신의 정면창 외의 다른 창들은 모두 벽돌 두 장 정도 두께의 정방형 크기로 되어 있다.

이 작은 창의 크기는 보수할 때 마다 변형이 있을 수 있어 본래 어떠했는지는 알기 어렵다. 그러나 창이 있었던 것은 사실이었을 것이다. 이 창에 대해서는 지금까지 주로 감실이라고 표현되어 왔다. 그러나 한국 전탑의 조형으로 볼 수 있는 중국의 전탑, 특히 한국에서 가까운 두만강변의 장백현에 있는 발해 영광탑은 한국 전탑과 매우 유사한데 운흥동 전탑의 광창은 영광탑의 광창과 거의 유사하다. 중국 당대의 전탑이 대부분 마찬가지이지만 영광탑도 내부가 1층부터 최상층인 5층까지가 통으로 뚫려 있고 내부의 조명을 위해 옥신에 작은 광창을 냈다.

운흥동 전탑의 작은 창은 중국 전탑에서 볼 수 있는 광창을 그 형식만 빌려온 것으로 보인다.

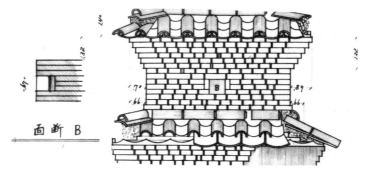

3층 옥신의 정면 광창 실측도. 왼쪽은 단면도(국립중앙박물관 유리건판 사진에서 부분 확대)

```
1  2
  3
```

1. 1932년 복원 후 사진(국립중앙박물관 유리건판 사진 부분 확대)
2. 3층 옥신 정면의 광창
3. 1910년대 사진의 2층 옥신석 좌측의 광창(국립중앙박물관 유리건판 사진 부분 확대)

중국 장백현의 발해 영광탑 2층부터 옥신 사방에 작은 광창을 냈다.

전탑은 외부에서 볼 때 화려하게 보이도록 하기 위해 벽돌 표면에 화려한 무늬를 새기는 것이 일반적이었던 듯하다. 이러한 사례는 경주 일대에서 조사된 전탑 유적에서 일관되게 보이고 있으며 안동에서도 조탑리 5층전탑과 전탑터만 남아 있던 임하사터 전탑에서도 볼 수 있다.

운흥사 전탑에는 3층 광창의 위에 얹힌 벽돌 하나가 유일한 무늬벽돌이다. 그러나 1932년의 사진과 그 이전의 사진에서는 같은 위치에서 이 무늬벽돌을 볼 수 없다. 이 벽돌은 그 후의 보수에서 탑 내부나 주변에서 수습된 것을 탑에서 가장 잘 보이는 정면 3층 광창 위에 얹은 것으로 추정된다.

현재 탑에 사용된 무늬벽돌 외에 조선고적도보 4권에는 무늬벽돌을 탁본한 사진이 실려 있다. 이 탁본의 무늬는 현재 탑에 있는 것과 비슷하지만 같은 것은 아니다. 국립중앙박물관 소장의 유리건판 사진 중에서 1910년대에 촬영된 것으로 보이는 사진에 이 탁본의 원 벽돌이 있는 것을 확인할 수 있었다. 그 벽돌은 탑의 내부에 채워진 벽돌 중 하나였는데 탑의 모서리가 무너지면서 드러나게 된 것이다. 그 사진은 조선고적도보 4권의 사진과 같은 시기에 촬영된 것으로 보이는데 같은 책에 실린 탁본은 사진 촬영 후 벽돌을 발견한 조사자가 벽돌을 수습하여 탁본하였을 것이다.

무늬는 소위 당초문 또는 인동당초문이라 하는 종류인데 조탑리 5층전탑이나 임하사 옛터의 전탑터에서도 볼 수 있다. 운흥동 전탑도 처음 건립된 당시에는 탑의 외부에 사용된 벽돌 모두가 이런 당초문 벽돌로 되어 화려한 외관을 자랑하고 있었을 것이다.

운흥동 전탑에는 금동제 상륜부가 있었다는 기록이 영가지에 나온다는 것은 이미 말한 바 있다. 전탑에 금동제의 상륜부를 부착한 것은 대체로 일반적인 경향이었던 것 같다. 상륜부는 임진왜란 때 조선을 도와주러 왔던 명나라 군인들에 의해서 1598년 제거되었다. 금동이란 청동제품에 도금처리 한 것이다. 이것은 겉으로 보기에 금과 같이 보였을 것이니 탑 위에 노랗게 반짝이는 탑의 상륜은 외국에서 온 군인들에게 갖고 싶은 욕심을 불러 일으켰을 것이다.

1. 현재 남은 유일한 무늬벽돌
2. 현재 전탑에 있는 것과 다른 조선고적도보 4권의 벽돌 무늬 탁본
3. 탁본과 같은 벽돌이 무너진 전탑 내부에 끼어 있는 것이 보인다.(중앙의 흑백 원 부분) 이 벽돌은 현재 남아 있지 않다. (국립중앙박물관 유리건판 사진 부분 확대)

　지금 탑의 정상부에는 연화문을 새긴 팔각 연화대석이 있다. 일제 강점기에 작성된 실측도를 통해 확인한 크기는 지름 85 센티미터 높이 15센티미터이다. 최근 보수하면서 가운데 둥근 원반형 화강석을 덮었는데 이는 연화대석 중심에 있는 홈으로 빗물이 들어가는 것을 막기 위해 뚜껑처럼 덮은 것으로 보인다.

　연화대석은 엎어져 있는 여덟 잎의 꽃잎을 새긴 것으로 꽃잎의 끝을 살짝 들어 올려 통일신라 시대의 세련된 모습을 보여준다. 이 연화대석은 석등에 사용된 것으로 추정되는데 조선 후기에 보수할 때 주변에서 수습하여 탑 위에 올렸을 것이다.

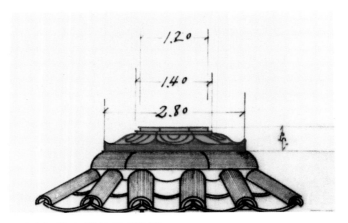

1920년대 좌측면 실측도 중 상륜부분
길이 단위 : 척(尺).(국립중앙박물관 유리건판 도면 사진 부분 확대 후 수정)

운흥동 5층전탑 상륜부의 연화문 장식이 있는 돌
높이 15 지름 1미터

윤룡동 전탑과 당간지주

당간지주

운흥동 전탑에서 서쪽으로 5미터 정도 떨어진 곳에 운흥동 당간지주라는 두 개의 돌기둥이 서 있다. 이 당간지주는 높이 2.7미터이며 기둥의 위와 아래에 지름 14센티미터 정도의 둥근 구멍이 뚫려 있다. 이것은 통일신라 시대에 세워진 것으로 보이는데 원래의 자리는 전탑에서 동남쪽으로 약 97.6척 즉 30미터 정도 떨어진 곳이었음이 중앙선이 건설되기 이전에 작성된 실측도를 통해 확인되었다. 이로써 원래의 자리로 중앙선 철도가 지나가게 되어 전탑 옆으로 옮긴 것임을 알 수 있다.

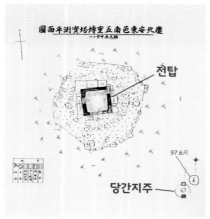

左. 운흥동 전탑과 당간지주의 위치 관계를 보여주는 실측도면(국립중앙박물관 소장 유리건판 도면사진 재편집)
右. 1914년 촬영된 운흥동 당간지주와 전탑(사진: 국립중앙박물관 유리건판)

당간의 당幢은 깃발을 뜻하며 간竿은 높은 장대를 뜻한다. 곧 당간은 절을 상징하는 깃발 또는 절에서 대규모의 행사를 할 때 큰 괘불을 걸기 위한 높은 장대를 말한다. 당간지주는 이 당간을 고정시키는 두 개의 돌기둥이다. 당간지주에는 당간을 고정시키기 위한 구멍이 아래 위로 있다. 두 개의 당간지주 사이에는 당간을 세우는 당간받침이 있고 당간받침의 중심에는 당간을 앉히는 기둥자리가 원형으로 새겨져 있다. 그리고 이 간대와 당간지주의 밑에는 큰 돌로 기단을 만들어 당간지주와 당간 전체를 받친다. 대부분의 당간은 나무 장대 즉 목당간이다. 그러나 드물게 돌로 된 석당간도 있고 쇠로 된 철당간도 있다. 한국에서 현재 철당간으로 알려진 것은 공주 동학사의 철당간(보물 256호)과 청주시내의 용두사터 철당간(국보 41호)이 알려져 있다.

운흥동 당간지주에 서 있던 당간도 철당간이었다. 이것은 남문밖 쇠기둥이란 제목의 영가지 기록에서 확인된다. 영가지에는 법림사의 철당간을 법림사와 따로 구분하여 남문 밖 쇠기둥으로 기록하고 있다. 내용은 아래와 같다.

> **남문南門 밖 쇠기둥** 부성府城의 남문 밖에 있는데 길이 30여 척이고 굵기는 한 아름 정도이다. 수철水鐵을 재료로 사용하였으며 형태는 대나무와 같은데 마디가 17개 정도이다. 놋쇠로 표면을 처리하였다. 꼭대기는 황금으로 모란형을 만들었다. 안동 사람들에게 전하여 오기를 부府의 기틀이 배가 가는 모양을 하였기 때문에 배의 돛대를 만들어 세운 것이라고 한다. 홍치弘治 임자년1492에 위의 세 마디가 바람으로 인해 부러졌는데 본부本府의 상여꾼들이 고쳤다.[5]

위의 내용에서 전체 높이가 30여척이라고 했으니 철당간의 높이는 약 10여 미터되었을 것이다. 또 17개의 마디를 가졌다는 것은 길이가 1미터 안팎인 철제 원통을 17층으로 쌓아 올려 높은 장대처럼 세웠을 것이다. 표면에는 청동 또는 금빛의 도금을 한 것으로 보이고 그 꼭대기에는 황금색 모란꽃 모양의

---

5   『영가지』 권6 고적 남문외철주(南門外鐵柱)

당간을 세웠던 원형의 당간받침과 기둥자리

위에서 내려다 본 운흥동 5층전탑과 서쪽에 있는 당간지주

보주를 올렸을 것으로 보인다.

　이렇게 금빛으로 빛나는 높은 철제 당간은 안동 사람들에게는 매우 신성한 존재로 숭앙되어 왔을 것으로 생각되는데 아마도 조선 전기에도 사람들은 이 당간지주를 사찰과 관련되어 인식하지 않았던 듯하다. 그것은 당시 법림사의 존재가 이미 사찰로서의 명맥을 유지하고 있지 못했으며 전탑도 법림사 소속 탑으로 기록되어 있지 않다는 데서도 짐작할 수 있다.

　위에 소개한 영가지 내용으로 보면 철제 당간은 풍수지리와 관련지어 설명하고 있다. 즉 안동의 형세가 배의 모양으로 되어 있어서 배의 돛대를 만들어 세웠다는 것이다. 현재 당간은 남아 있지 않지만 전탑 바로 옆에 서 있는 당간지주가 이 철제 당간을 받치고 있던 것으로 생각된다. 조선 전기에 이미 법림사는 명맥이 끊어져 있었지만 이 황금색 찬란한 철당간은 낙동강 건너쪽에서도 뚜렷하게 보였을 것이며 전탑과 함께 안동의 지표로서의 역할을 하고 있었을 것이다. 특히 안동사람들에게 안동을 지키는 수호신 같은 존재였고 풍수적으로도 배 형상을 한 안동이 물 위에서 잘못 떠내려가지 않도록 하는 돛대의 역할을 하고 있었던 것이다.

　현재 당간지주의 윗 부분이 부러져 파손되었는데 많은 설명문들에 6.25 전쟁 때 파손된 것으로 기록되어 있다. 그러나 1910년대의 사진에도 지금과 같이 파손되어 있었으므로 그것은 잘못 알려진 것이라 하겠다.

조선고적도보 4권에 실린 운흥동 당간지주
동쪽을 향하고 있으며 왼쪽 기둥 옆으로 멀리 길안면 약산 봉우리가 보인다.

1990년대에 촬영된 과수원 안에 있었던 조탑동 5층전탑 지금은 탑 주변이 넓은 풀밭으로 정리되어 있다.

조탑리 마을과 전탑
탑 앞의 무성한 나무 밑으로 송양천이 흐른다.

조탑동 5층전탑

전탑의 환경과 옛 기록

안동시 일직면 조탑리는 동서로 흐르는 송양천이 낙동강의 지류인 미천으로 합류되는 지역에 위치한다. 두 하천의 합류지점은 비교적 넓은 들판을 만들고 있어 인근 지역에서는 농지가 많은 비옥한 지역이다. 따라서 삼국시대 이래 큰 마을이 형성되어 지금까지 이어지고 있다. 그래서 이곳에는 삼국시대의 대규모 고분군이 있어 고고학적으로 많은 관심을 받아 왔다.

마을 남쪽으로 꽤 넓은 들이 송양천이 흐르는 곳까지 이어지는데 이 들 한가운데 조탑리 5층전탑이 서 있다. 전탑 외에도 마을 안의 주택 마당에는 석탑의 부재가 남아 있어서 이곳에 상당히 큰 규모의 사찰이 있었음을 추측할 수 있다.

영가지에는 일직에 탑이 세 기 있다는 간단한 기록이 전한다.

일직삼탑一直三塔 일직현의 서쪽 2리 지점에 있고 작은 석탑이 둘 큰 전탑이 하나 있다.[1]

1 　『영가지』 권6, 고적, 일직삼탑.

마을 안
민가 안에 있는 석탑재

　현재 조탑리 마을 안의 주택 뜰에 작은 석탑재가 있다. 또 과거에 마을 앞 송양천 바닥에도 석탑의 옥개석이 있었다고 하는데 이는 아마도 영가지의 작은 석탑 2기의 흔적들일 것이다. 전탑에 대해서는 그냥 큰 전탑이라고만 되어 있고 구체적인 설명은 없다. 또 이 마을에 있었다는 사찰에 대한 기록도 없다.

　탑은 일제강점기인 1910년대 이후에도 여러 차례에 걸쳐 보수되었으며 탑 주변은 오랜 기간 논과 밭 또는 과수원 등으로 이용되어 왔다. 탑의 명칭도 여러 차례 변하였던 것으로 보이는데 영가지에는 전탑이라고 했고 일제강점기 초기에는 옹탑甕塔으로도 불렸음이 현재 석축 밑에서 드러난 표지석을 통해 알 수 있다. 현재는 주변을 정비하여 탑은 넓은 들판에 서 있는 듯한 느낌을 주고 있다. 이 들판은 규모가 큰 사찰이 들어서 있던 곳이다.

일제강점기에 세웠던 것으로 보이는 문화재 명칭 비석
전탑의 전(塼 또는 甎)을 옹(甕)으로 표기한 것이 보인다.

외형과 구조

조탑동 5층전탑은 낮은 석축을 사방으로 돌리고 그 중심에 지대석 없이 탑신받침을 놓고 바로 탑신을 올린 형태이다. 특히 이 전탑의 외형에서 주목되는 것은 1층 옥신이 화강석으로 되어 있다는 것이다. 그래서 이 전탑을 순수한 전탑으로 보기 어렵다는 견해가 있고 전탑과 구분되는 별도의 형식으로 보기도 한다.

전체 높이는 8.65미터라고 하지만 1910년대에 보수 복원되면서 5층 옥신과 옥개는 거의 새로 쌓은 것에 가깝다. 따라서 탑의 정확한 높이를 말하기는 매우 어렵다.

이 글을 쓰는 현재 현재 해체되어 복원을 위한 작업의 과정에 있다. 해체되

84

기 전의 탑의 마지막 모습은 최상층인 5층의 옥신 높이가 4층보다 높아서 매우 어색하게 보였다.

또 기단부는 20~30 센티미터의 돌을 한 변 약 7미터의 방형으로 돌려 쌓은 낮은 기단 위에 서 있었다. 그러나 이 기단의 형태도 1910년대 이후 수 차례의 변화 과정이 있었고 따라서 기단의 정확한 모습은 알 수 없는 형편이다. 이처럼 낮은 기단으로 되기 이전의 기단은 높이 1미터 가량의 높은 석축기단이 있었고 그 이전에는 낮고 둥그스름한 언덕으로 되어 있었다. 1914년의 사진을 보면 조탑동 전탑이 서 있는 언덕은 앞에서 본 운흥동 전탑과 거의 비슷하다.

1층의 화강석으로 쌓은 옥신 정면에는 탑실이 있고 탑실 문의 양쪽에 인왕상을 배치한 것으로 인해 탑의 외관은 매우 아름답게 보인다. 1층 옥개에서 탑의 정상까지는 모두 벽돌로 되어 있고 규모가 다를 뿐 법흥동 전탑과 비슷하다.

위에 설명한대로 기단은 정확한 모습을 알 수 없다. 다만 영가지가 편찬된 1608년에도 여기에는 사찰이 없었다. 앞에서 소개한 영가지 기록에 이 탑과 관련된 어떤 사찰의 기록도 없다. 마을에서 사찰이 없어진 것은 이미 조선 전기 이전이었을 것이다.

그렇다면 전탑의 주변은 오래토록 경작지였을 것이다. 이것은 탑의 주변 지표면이 경작으로 인해 많이 낮아졌을 수 있다는 추론이 가능하다. 1950~60년대 만 해도 이 탑은 밭 가운데의 낮은 언덕 위에 서 있었다고 한다. 1910년대의 사진에서도 같은 모습을 볼 수 있다. 탑의 주변 지표면이 현재 탑의 탑신받침과 거의 비슷하다고 한다면 이 전탑은 기단이 처음부터 없었을 가능성이 높다. 그것은 이미 운흥동 전탑에서도 말한 바 있다.

시굴 조사 때의 사진을 보면 지하에 석축을 쌓아 기초를 만들고 그 위에 탑신받침을 놓은 것을 볼 수 있다. 지대석 없이 바로 탑신받침을 놓은 것은 석탑이나 전탑의 구조에서 매우 이례적이다. 이는 이 전탑이 축조 당시의 형태를 유지하지 않고 있음을 보여 준다.

1932년 촬영된 조탑리 5층전탑 밭 가운데 나지막한 언덕 위에 서 있다.
(사진: 국립중앙박물관 유리건판)

이 탑신받침 하부의 석축은 잘 다듬은 돌이 아니라 크고 작은 돌들을 대강 수평만 맞춰 쌓은 것으로 보인다. 이는 이 석축이 지상구조가 아니고 전탑을 세우기 위한 적심석 같은 기초시설로 볼 수 있다.

2005년의 발굴조사에는 전탑에서 서쪽으로 약 5미터 떨어진 곳에서 전탑과 비슷한 크기의 탑이 있던 터가 조사되었다. 이 탑 자리에 있던 탑이 혹시 지금의 전탑이 아닐까 하고 생각해볼 수 있으나 전탑을 옮겨 쌓을 만한 이유를 찾기 어렵다. 또 탑을 옮겨 쌓았을 경우 원 탑의 기본 구조를 그대로 유지했을 것이기 때문에 현재의 탑신받침 만 있는 구조적 문제는 해결되지 않는다. 이 탑은 다른 전탑과 마찬가지로 수 차례에 걸쳐 보수 또는 새로 쌓았을 가능성이 있으므로 탑의 탑신받침이나 지대석 등 하부구조도 대대적인 보수로 인해 바뀌어졌다고 보아야 할 것이다.

2001년 시굴조사 때의 사진 탑신받침 밑에 석축이 쌓여 있는 것을 볼 수 있다.

탑신받침은 한변 약 2.65미터, 높이 약 49센티미터로 5단의 계단식 형태로 만들었다. 탑신받침은 현재 여러 동강으로 잘라져 있는데 이는 처음에는 하나 또는 두 개 정도의 돌이었으나 오랜 세월동안 무거운 탑신을 받치면서 탑신의 무게를 이기지 못하였기 때문인 것으로 보인다.

화강석 석축으로 된 1층 옥신은 조탑동 전탑의 가장 큰 특징이라 할 수 있다. 이 화강석의 벽면은 다양한 크기로 잘라낸 석재를 불규칙하게 쌓아 마치 모자이크 작품처럼 면을 구성하였다. 벽면을 보면 석재와 석재가 마주 닿는 부분을 'ㄱ' 또는 'ㄴ' 모양으로 잘라 이를 맞추고 있음을 볼 수 있다. 마치 페루의 잉카 성벽을 보는 듯하다. 이러한 석재의 짜맞춤을 보면 최상단 일부를 제외하면 처음 탑이 축조될 당시의 모습이 대부분 그대로 유지되고 있음을 알 수 있다. 신라인들의 석축 문화를 볼 수 있는 좋은 사례라고 생각한다.

1층 옥신에서 가장 눈에 띄는 것은 정남을 향한 정면의 탑실과 문 양쪽에 서 있는 인왕상이다.

탑실문은 아래의 문지방돌과 양쪽 문설주 그리고 문설주 위에 얹은 상인방을 각각 다른 돌을 깎아 장방형으로 맞추었다. 문지방 돌은 장방형의 넓적한 면석의 윗부분을 문지방으로 다듬었는데 양쪽에 둥근 문설주의 하단을 함께

 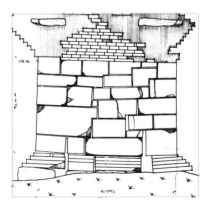

左. 조탑동 전탑의 동측면 화강석축 상태
右. 동측면 석축 상태 일제강점기 실측도 부분 석축상태가 지금과 동일하다.(국립중앙박물관 유리건판)

上. 탑실 내부
下. 정면의 탑실과 탑실문

새겼다. 양쪽 문설주도 화강암 안쪽의 문틀과 중심의 둥근 기둥 그리고 밖쪽으로 벽체를 하나의 화강암에 새겼다. 위의 상인방도 아래쪽의 문틀과 위의 인방을 함께 새겼는데 이 네 장의 돌을 짜 맞춰 정교한 탑실문의 틀을 만들었다.

　문의 양쪽에 서 있는 인왕상은 부조浮彫이기는 하지만 거의 독립적인 환조丸彫에 가깝다. 인왕상은 금강역사라고도 하는데 부처를 호위하는 신이다. 오른쪽에 있는 금강역사를 아금강역사, 왼쪽을 훔금강역사라고 한다. 아금강역사는 입을 열어 '아' 하고 소리를 내는 모습이라고 하며 훔금강역사는 입을 굳게 다물고 있는 모습이다. 조탑동 전탑에서 오른쪽의 아금강역사는 입을 벌리고 있는 것이 분명치 않으나 귀엽게 웃고 있는 모습이며 왼쪽의 훔금강역사는 입을 다물고 있는 것이 마치 심술을 부리는 듯 보인다. 전탑이나 모전석탑에 인왕상을 사용한 가장 빠른 예는 경주 분황사 모전석탑이다. 모전석탑인 분황사의 경우를 제외하면 전탑으로서는 안동의 운흥동 전탑과 조탑리 전탑 두 사례가 전부이다.

　탑실의 천장에는 한 장의 판석을 덮었고 바닥에는 잡석이 깔려 있다. 바닥의 모습은 제 모습이 아닐 것이다. 좌우의 문설주 옆에는 아래 위로 돌쩌귀 홈이 있어 양쪽으로 분합문을 달았던 것을 알 수 있다.

　이 두 짝의 판석문은 최근 전탑 해체 과정에서 탑의 최상부에 빗물이 들어가지 않도록 덮개로 사용한 것을 발견하였다고 한다.[2]

　탑실에서 중요한 것은 뒷벽의 돌 틈에 서 있는 나무 기둥이다. 이것은 탑을 세울 때 중심에 세웠던 심주인데 이 기둥을 중심으로 돌 또는 벽돌을 쌓아 올린 것이다. 심주는 지하의 심초석 위에 세웠을 것으로 추정되는데 지금까지 심초석은 확인되지 않고 있다. 심주에는 이진기李震基라는 사람의 수복壽福을 축원하는 묵서가 있다.

2　김상구 · 이정수, 「7~9세기 석탑조영방법을 통해 본 안동 조탑리 오층전탑의 조영방법 고찰」, 『한국산학기술학회논문지』 제16권 제1호, 2015, 751쪽, Fig. 18-a.

탑실의 천장(왼쪽)과 바닥

탑실 문 안쪽의 문을 달았던 돌쩌귀(좌: 좌측 상부. 우: 우측 상부)

2014년 해체할 때 수습된 탑의 최상부에 덮여 있던 탑실문으로 보이는 판석

2014년 해체할 때 2층 옥신석 위로 노출된 심주

심주는 탑실 천장 위로 탑신의 상부까지 올라가는 듯 보이는데 탑의 해체 과정에서 2층 옥개석까지 올라가 있는 것이 확인되었다. 이 심주는 상륜의 중심기둥 즉 찰주를 세웠던 찰주공의 하단까지 이어져 있었다고 한다.[3]

화강석으로 쌓은 1층 탑신이 1층 옥개와 연결되는 부분에는 벽돌을 2단으로 겹쳐 옥개 받침을 만들었다. 그 위로 8단의 낙수면 받침을 올렸다. 그 위에 벽돌 1장으로 처마를 만들고 다시 7단의 벽돌로 계단식 낙수면을 만들었다. 2층부터는 옥신받침이나 옥개받침은 따로 보이지 않는다. 2층은 7단의 옥신과 8단의 낙수면받침 그리고 벽돌 한 장의 처마와 5단의 낙수면으로 구성되었다. 3층부터 5층까지 옥신은 7단, 6단, 6단으로 감소되고, 낙수면받침은 7단, 6단, 3단, 처마는 각 한 장의 벽돌을 사용하였고 낙수면은 5단, 5단 그리고 5층 낙수면은 분명치 않다.

현재 옥신 받침은 뚜렷하지 않으나 1층의 화강석 석축으로 된 옥신 위에 2단의 옥개 받침이 있다. 그러나 본래의 모습은 1층 옥개 밑의 옥신받침으로 미루어 전탑 전체적으로 벽돌의 옥신 아래 위로 옥신받침과 옥개받침이 있었을 것으로 추정할 수 있다.

옥신과 옥개의 크기가 줄어드는 비율을 보면 1단으로 줄거나 아니면 층수가 올라가도 같은 단수를 보이는 등 일정한 법칙이 적용되지 않고 있음을 볼 수 있다. 이런 현상을 법흥동 7층전탑에서 일정한 감소율을 보이는 것과는 매우 다르다. 이러한 현상도 여러 차례에 걸친 보수 과정에서 나타났을 것이다.

최근의 전탑 해체 과정에서 5층의 옥신과 옥개에는 대정4년大正四年(1915)이라는 글자가 새겨진 벽돌들이 사용되었다. 이로 보아 1917년[4] 대대적으로 보수할 때 새로 쌓은 것을 알 수 있다.

---

3   김상구 · 이정수, 위의 글, 753쪽.
4   경상북도문화재연구원, 『안동조탑리사지』, 경상북도문화재연구원, 2007, 71쪽.

대정4년(1915)의 연대가
찍혀 있는 벽돌

조탑리 전탑의 1층 옥신을 제외한 상부는 모두 벽돌을 사용하였다. 이중 가장 주목되는 것은 1층 옥개에서 볼 수 있는 무늬벽돌들이다. 벽돌에 사용된 무늬는 대체로 세 종류 이상이 사용된 것으로 보이는데 확인되는데 나뭇잎이 없는 덩굴만 있는 당초문 종류이다. 거의 비슷하지만 세부적으로 약간씩 차이가 있다. 또 벽돌의 형태도 모서리에 사용된 방형과 일반적인 장방형이 있고 긴 것과 짧은 것도 있어서 종류를 무늬와 벽돌의 크기, 형태 등을 모두 살핀다면 더 많은 분류가 가능할 것이다.

1층 옥개의 옥개받침과 낙수면 받침에 사용된 무늬벽돌들

1층 옥개받침에 사용된 무늬벽돌들

이 무늬벽돌들은 대체로 전탑이 처음 축조될 때 사용되었던 것으로 보인다. 탑의 주변에서도 이와 동일한 무늬의 벽돌과 유사한 무늬의 암막새 기와들이 다수 채집되었다.[5] 전탑 전체에 사용된 벽돌은 모두 이 무늬벽돌이었을 것이다. 전탑 전체가 이렇게 화려한 덩굴무늬로 덮여 있는 탑을 머리에 떠올려보면 이 전탑을 금당 앞에 둔 사찰의 웅대 화려한 모습이 상상된다.

옥신에서 특별히 주목되는 것은 4층 정면에 있는 소형 창문이다. 이것은 운흥동 전탑에서처럼 양쪽에 벽돌을 한 장씩 세워 벽을 만들어 작은 구멍을 낸 것이다. 다만 세운 벽돌은 왼쪽만 보이고 오른쪽은 없어졌다. 이것은 운흥동 전탑에서 설명한 것처럼 중국 전탑의 광창 형식을 모방한 것이다. 이와 같은 광창이 2층에도 있다는 견해가 있는데 1932년 사진에서 2층 정면 중앙부의 벽돌들이 빠져 광창처럼 보이는 것을 말하는 듯하다. 그러나 1916년 발간된 조선고적도보 4권의 사진에는 4층의 광창은 보이지만 2층은 광창의 흔적이 없다. 그러므로 광창이 있었다면 4층에만 있었을 가능성이 높다.

상륜부는 남아 있지 않지만 전탑의 해체 과정에서 상륜부의 찰주를 탑 중심에 박아 고정시킨 찰주공의 구조가 밝혀졌다.

석탑의 최상부에서는 단면 방형의 수직으로 만들어진 공간이 확인되었는데 조사에 참여한 연구진은 이를 상륜부의 찰주를 세웠던 찰주공으로 보고 있다.[6]

5   경상북도문화재연구원, 『안동조탑리사지』, 경상북도문화재연구원, 2007, 292쪽.
6   김상구 · 이정수, 앞의 글, 752쪽.

『조선고적도보』 4권(1916),
조탑리 5층전탑
2층에 광창흔적이 없다.

1932년 촬영 사진
2층과 4층에 광창의 흔적이 보인다.

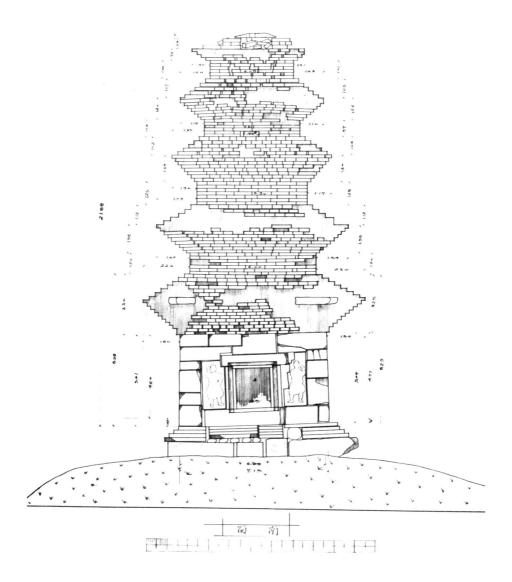

1910년대 작성 정면 실측도
(국립중앙박물관 유리건판 사진)

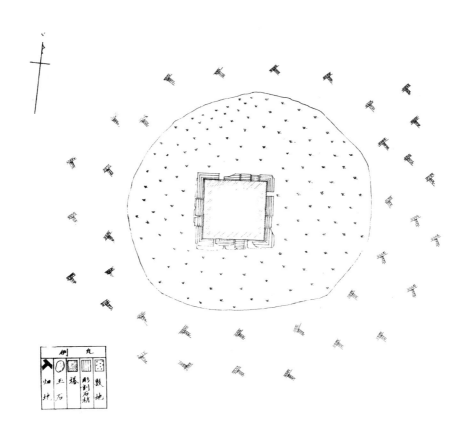

慶北安東郡一直面五重塼塔實測平面圖
縮尺五十分ノ壹

조탑리 5층전탑 평면도
(국립중앙박물관 유리건판 사진)

풍천면 금계리 전탑

금계리 전탑

안동시 하회마을에서 낙동강을 건너 남쪽으로 마늘봉이란 산을 넘으면 풍천면 금계리이다. 금계리 남쪽으로 송야천이 흐르고 송야천을 끼고 탑마을이 있다. 탑마을이라는 이름은 마을 뒷산 밑에 있는 전탑 때문이다. 전탑은 지금 밑둥만 남은 채로 거의 다 무너진 상태인데 현재 남은 1층도 마을에서 몇 년 전 새로 쌓은 것이라고 한다.

이 전탑은 1960년 무렵까지도 4층으로 남아 있었다. 일부 탑을 소개한 글들은 완전히 무너진 것이 1959년의 사라호 태풍 때였다고 한다. 현재 전하는 4층의 탑 사진은 이 탑을 처음 학계에 소개했던 1960년에 발표된 진홍섭의 글에 실려 있던 것이다.[1]

전탑의 남쪽 80미터 떨어진 곳에 송야천이라는 하천이 흐르고 있다. 송야천은 이 탑에서 동쪽으로 약 10킬로미터 떨어진 곳에 있는 조탑리 5층전탑 앞으로 이어진다. 금계리 전탑과 조탑리 전탑은 거의 비슷한 자연환경을 가지고 있다.

---

[1] 진홍섭, 「안동금계동화인사지전탑(安東錦溪洞化人寺址塼塔)」, 『미술자료』 1, 국립중앙박물관, 1960. 이 글은 '천득염, 『전탑』, 『빛깔있는 책들』 220, 대원사, 1998, 62~66쪽'에도 수록되어 있다.

금계리 전탑과 석불 석불은 현재 전하지 않는다.

이 전탑을 처음 학계에 소개한 진홍섭은 금계리 전탑이 위치한 곳이 영가지의 고적조에 있는 규봉 남쪽의 화인사化人寺 터일 것이라고 추정했다. 또 같은 책의 산천조에는 규봉이 풍산현 남쪽 20리에 있다고 되어 있다. 현재 전탑은 풍산읍에서 직선거리로 약 10킬로미터 떨어져 있는데 화인사가 바로 전탑이 있던 사찰일 것이라고 추정할 수 있다.[2]

지금 남아 있는 전탑의 외형은 단층으로 1층의 옥신과 옥개의 일부만 있다. 그러나 이 전탑은 적어도 5층에서 7층 정도의 규모였을 것으로 추정된다. 1960년 진홍섭이 소개한 글에 실린 사진에는 4층 만 겨우 남아 있는데 1층 옥개석은 완전히 무너졌고 나머지 층도 벽돌의 탈락이 심하다.

이 당시 실측한 탑의 크기는 전체 높이가 4.66미터이고 탑의 밑에는 '야석野 石' 즉 거친 돌을 깔아 탑신을 받쳤다고 했다. 장대석 등의 용어를 쓰지 않고 야석이라 한 것은 제대로 다듬어진 장대석의 탑신받침이 아니었던 것으로 추정된다. 현재의 탑신 하부의 모습이 당시와 같은지 아닌지 확인할 수 없으나 벽돌의 탑신 아래 거칠게 잘라낸 판석이 탑의 밑에서 탑을 받치고 있음을 볼 수 있다. 판석은 강돌 등으로 만든 적심 위에 올렸다. 탑의 바로 옆으로 작은 개울이 흐르는데 주민들에 의하면 비가 많이 와서 물이 넘쳐 탑이 무너진 경우가 여러 번 있었다고 하며 그 때마다 주민들이 탑을 여러 차례 다시 쌓았다고 한다. 그러나 탑의 아랫부분은 그대로 유지되었을 가능성이 높다. 현재 탑은 주변보다 1미터 이상 높은 흙더미 위에 있는데 이는 잦은 홍수로 주변 경작지가 낮아졌기 때문일 것이다.

그렇다고 해도 이 거친 판석을 본래의 탑신받침으로 보기는 어렵다. 초창을 통일신라 시대의 후기 내지는 말기로 본다고 해도 탑의 남쪽으로 흐르는 송야천과 탑의 바로 옆으로 지나는 개울의 범람은 탑을 여러 번 무너뜨렸을 가능성이 있다. 그렇게 보면 1960년대까지 볼 수 있었던 4층의 모습도 여러 차례 새로 쌓은 모습이었을 것이다. 탑을 실측할 당시 기단폭은 약 2.5미터였다.

---

2 진홍섭, 위의 글.

조탑동 전탑의 탑신받침이 2.65미터이니 두 탑은 거의 같은 크기였다고 볼 수 있다.

진홍섭의 글 속에서 주목되는 것은 2층과 4층의 옥신에 소형 광창이 있다는 것이다. 물론 진홍섭의 글에는 작은 감실로 표현하였다. 2층의 광창은 사진에서도 뚜렷하게 보인다. 앞의 조탑리 전탑에서도 4층에서 광창의 존재가 확인되고 있고 운홍동 5층전탑에서도 2층과 3층에 광창이 있다. 이 당시 전탑에 중국 전탑의 광창을 모방해서 소형 창을 형식적으로 만드는 것은 일반적인 형식이었던 것으로 보인다.

무너지기 전의 금계리 전탑

또 사진상으로 확인할 수 없지만 진홍섭은 1층 옥개에서 사리를 수납한 흔적이 보인다고 설명하고 있다.

비로자나불 좌상

전탑이 있는 곳에서 북쪽으로 약 15미터 떨어진 곳에 석조 비로자나불 좌상이 있었는데 지금은 도난으로 사라졌다.

석불은 높이 80센티미터이며 머리에 보관을 쓴 것 같이 보이는데 마멸이 심해 분명치 않다. 수인手印 즉 손가락의 모양은 왼손의 검지를 오른손으로 감싸 쥔 모양으로 소위 지권인智拳印을 취하였다. 법의는 양 어깨를 덮고 있으며 다리는 오른쪽 다리를 왼쪽 다리 위로 올린 길상좌를 하고 있다. 그러나 다리 부분은 상체에 비해 매우 형식적으로 처리되어 있고 입체감이 잘 표현되지 않아 어색하다.

불상의 뒤로 보주형 광배가 있으나 광배 자체가 정교하게 다듬어진 것이 아니며 세세한 표현은 마멸로 인해 보이지 않는다. 광배 또한 불상과 함께 도난 당해 지금은 볼 수 없다.

좌대는 방형으로 상대석과 중대석 하대석을 갖추고 있는데 상대석은 가로 폭 52센티미터 두께 17센티미터이며 밑 바닥의 중대석과 닿는 부분을 2단으로 턱이지게 깎았다. 중대석은 석탑 옥신석처럼 모서리에 모서리기둥 장식을 양각으로 처리하였다. 하대석은 확인할 수 없다. 불상 앞에는 둥그스럼한 멧돌을 제단처럼 놓아두었다.

현재는 최근에 마을 사람들이 구입한 작은 석불이 있는데 본래 불상 밑에 있던 좌대의 상대석은 불상 앞으로 내려 놓았다.

금계리 전탑 앞의 비로자나불상 현재 도난으로 없어졌다.

임하사 옛터 7층전탑터

전탑터의 발견

임하사臨河寺라는 절은 안동의 지방지인 영가지에 임하사 전탑이라는 항목으로 인해 관심을 끈 사찰이다. 안동의 전탑에 관심이 있던 연구자들은 이미 1960년대부터 임하사의 옛터를 찾기 위해 노력해 왔다. 그러나 임하사를 찾기 위해 탐색을 한 곳은 안동시에서 동쪽으로 약 15킬로미터 떨어진 임하면 주변이었다. 현재 안동시 임하면 임하1리는 과거 한절마을이라고 부를 만큼 큰 사찰이 있었던 곳으로 전해 왔고 조선시대에는 임하현의 현치소였다. 지금도 4기의 탑이 마을 앞 들판에 흩어져 있다. 그래서 임하사 또는 임하사 전탑도 이 근처에 있었을 것으로 추정했고 임하면 일대를 찾게 된 것이다.

그러나 임하사 전탑이 발견된 곳은 뜻밖에도 안동시 도심에서 서남쪽으로 멀리 떨어지지 않은 옥동의 낙동강변이었다. 이곳을 발견한 사람들은 당시 안동의 문화유산에 관해 관심을 가지고 현장 조사를 해 오던 안동문화연구회원들이었다.[1] 1990년대 후반 한국생명과학고등학교에서 직원용 주택을 짓기 위

---

[1]   이진구, 「안동임하사7층전탑지 조사보고」, 『안동문화연구』 창간호, 1986, 147~166쪽.

해 주변환경을 조사하다가 벽돌들이 많이 흩어져 있는 것을 알게 되었다. 이 소식을 들은 안동문화연구회 회원들이 조사를 하기 시작했고 이곳이 영가지에 나오는 임하사전탑지라는 것을 밝히게 되었다.

벽돌이 흩어진 야산은 당시 안동군청(현재 웅부공원)에서 서남쪽으로 직선거리 약 4.2킬로미터 정도 떨어진 곳이다. 한국 전통 거리 10리는 5킬로미터이다. 그렇게 볼 때 4.2킬로미터는 약 8리에 해당된다. 이것은 현재의 임하사전탑터로 조사된 유적이 영가지의 임하사와 같은 사찰이었다고 보는 데 무리가 없다고 하겠다.

임하사 전탑의 환경과 옛 기록

절터는 안동시 서쪽의 안동생명과학고등학교 동편 산기슭에 남으로 낙동강을 바라보는 위치에 자리잡고 있다. 절터는 거의 정남향을 하고 있으며 '절골'이라고 부르는 산의 남쪽 골짜기를 계단식으로 정지하여 건물들을 배치하였던 것으로 보인다. 뒤와 양 옆이 모두 산으로 싸여 있으며 남쪽인 정면만 넓은 낙동강을 바라보고 있다. 절터에서 낙동강을 건너면 수상동, 수하동, 개곡동으로 이어지는데 이들 마을 뒤로는 표고 약 300미터 안팎의 산들이 있고 수상동과 개곡동의 사이에 한티재라는 고개가 있어 대구 방향으로 나가는 통로 구실을 한다. 따라서 대구 방향에서 한티재를 넘으면 안동으로 들어오게 되는데 이때 고개를 넘으면서 바로 눈에 들어오는 것이 임하사 전탑이었을 것이다.

또 서쪽에서 안동으로 들어오는 길도 풍산읍에서 낙동강을 따라 마애리 절터 앞을 거쳐 낙동강 남쪽 강변을 따라 난 길을 걸으면 현재의 안동시 남쪽 수상동의 무주무 마을로 나오게 된다. 무주무 마을은 남쪽의 대구 방향과 서쪽의 예천 방향에서 오는 길이 만나는 곳이며 안동의 남쪽 관문 역할을 하는 마을이다. 이 마을에서 강을 건너면 바로 임하사 전탑과 만난다. 본래

上. 발굴 전의 임하사 전탑터
下. 발굴당시 낙동강 남쪽 무주무에서 건너다 본 임하사 전탑터
　　흰 건물이 현재의 한국생명과학고등학교이다

7층이었던 임하사 전탑은 한티재 위에서 바로 보이는 안동의 서쪽을 지키는 비보적 존재이며 안동을 상징하는 지표물이기도 했다.

위와 같은 이유에서 임하사는 안동의 중요 사찰 중의 하나였고 임하사 전탑은 안동을 상징하는 존재로, 안동사람은 물론 안동을 찾는 외지인들에게도 법흥동 7층 전탑, 운흥동 5층 전탑과 함께 중요한 지표적 존재였을 것이다.

임하사는 조선시대 문헌에 임하사, 하림하사 또는 하림사 등으로 나온다. 대표적인 문헌은 1602년 편찬된 영가지와 경상도속찬지리지 등을 들 수 있다. 구체적인 기록을 보면 아래와 같다.

ㄱ. **임하사전탑**臨河寺塼塔 안동부의 서쪽으로 8리쯤 되는 곳에 있으며 7층이다. 본부(안동부)의 큰 비보적 존재이다. 성화成化 정미丁未(1487)에 관리들과 민간이 힘을 합하여 수축하였다. 만력 병자년萬曆 丙子(1576)에 안동부사 양희(梁喜)가 훼손 파괴하여 벽돌을 가져다가 객사의 내외 대청에 깔았다. (『영가지』권6 고탑)

ㄴ. **임하사**臨河寺 부府의 서쪽 7리쯤 되는 지점에 있다. 백호산白虎山이 물에 떠내려 가는 형국으로 이 절이 산을 눌러서 떠내려가지 못하도록 하였다. 지금은 없어졌다. (『영가지』권6 고적)

ㄷ. **성산사**城山寺 안동부의 서쪽 15리 되는 곳에 있는 청성산靑城山에 있다. 언제 창건하였는지 알 수 없다. 임하사臨河寺, 성산사城山寺, 마라사碼螺寺가 모두 안동부의 수구비보水口裨補이다. (『영가지』권6 불우)

ㄹ. **누문고종**樓門古鐘 무게가 3천3백7십9근이다. 치면 소리가 웅장하게 울려 멀리는 100리까지 들을 수 있다. 강원도 상원사上元寺는 내원당內願堂이다. 멀리서도 들을 수 있는 종을 달기 위해서 팔도에서 구했는데 안동부의 종이 가장 좋았다. 성화成化 기축己丑년(1469)에 국명으로 운반해오려 했다. …지금 상원사에 있다. … 안동부는 중심되는 도시로서 종이 없으면 안되었다. 그래서 임하현의 동림사에 있는 작은 종을 하림하사下臨河寺의 종으

로 바꿔 달았는데 역시 어울리지 않았다. 그래서 그 종을 백련사白蓮寺에 옮기고 인암사仁巖寺의 약간 큰 종을 가져다 걸었다. 지금 있는 누문의 종은 이것이다. (『영가지』 권6 고적)

ㅁ. 안동부 안의 하림사下臨寺와 안동부의 동쪽에 있는 여산廬山 백련사白蓮寺는 선종에 속한다. 수다산水多山 수정사修淨寺, 법림사法林寺는 교종에 속한다. (『경상도속찬지리지慶尙道續撰地理志』 안동도安東道 승사僧寺)

위의 기록 중 ㄱ, ㄴ, ㄷ에는 임하사로 표기되었고 ㄹ과 ㅁ에는 하림하사 또는 하림사로 표기되었다. 영가지의 임하사전탑조와 임하사조의 임하사는 실제로 같은 절이다. 이 두 기사는 임하사전탑과 임하사가 함께 안동의 비보裨補 즉 풍수적으로 빈 곳을 채워주는 존재로 기록하고 있다. 영가지가 편찬되던 당시 즉 1602년 무렵 임하사는 이미 없어졌다고 기록하였으니 임하사전탑은 당연히 탑만 남아 있었다.

다만 안동에서의 거리가 전탑은 서쪽 8리, 임하사는 서쪽으로 7리쯤 되는 곳으로 기록상 약간의 차이를 보이고 있다. 두 유적의 기록상 차이는 500미터 정도이다. 그러나 이 두 기록은 500미터 떨어져 있는 것이 아니라 기록이 착오가 있었다고 보아야 할 것이다. 현재 안동의 관아가 있던 웅부공원에서 전탑 유적까지 직선거리로 약 4 킬로미터 정도이므로 임하사전탑은 바로 현재의 옥동 낙동강변에 있는 전탑 유적이라고 볼 수 있다.

위의 기록 중 '누문고종'과 '부내하림사'의 기록은 '임하사'가 아닌 '하림하사' 또는 '하림사'로 되어 있다. 현재 임하사가 있던 곳은 안동사람들은 '하이마'라고 부른다. 이는 '하임하' 즉 '하림하下臨河'를 현지 주민들이 소리 나는 대로 표기한 말이다. 따라서 하림하사나 하림사는 임하사와 동일한 사찰로 보아야 할 것이다.

위에 말한대로 전탑터가 있는 곳은 하이마라는 지역이다. 하이마라는 명칭은 '하임하下臨河'라는 말에서 비롯된 것이라는 추정[2]도 사실임을 확인하게 되었다.

영가지의 누문고종樓門古鐘 기사는 성문에 걸려 있던 종을 강원도 상원사로 옮긴 후 하림하사下臨河寺의 종을 임시로 안동의 성루에 걸었다는 것이다. 또 경상도속찬지리지의 기사는 안동의 대표적인 사찰을 선종에서 둘, 그리고 교종에서 둘을 들었는데 선종의 대표적인 사찰로 하림사를 들고 있고 앞에 소개했던 법림사는 교종을 대표하는 사찰이었다고 하였다.

이러한 기록을 보면 임하사는 안동에서 매우 중요한 사찰의 하나로 꼽혔던 것으로 1469년 경까지도 안동의 선종을 대표하고 있었다. 그러나 임진왜란이 일어나기 전 1576년에 탑을 헐어 탑에 사용한 벽돌을 객사의 대청에 깔았다고 한 것을 보면 16세기 후반에는 사찰은 이미 존재가 없어졌고 탑도 헐어낼 정도로 상태가 좋지 않았던 것을 짐작할 수 있다.

임하사 전탑터의 발굴

발견 당시에 탑 터에는 지대석과 탑신받침으로 보이는 장대석들의 일부가 노출되어 있었다. 또 주변에는 연화문이나 당초문의 벽돌들이 흩어져 있었다. 주변에는 벽돌들이 계단식의 형태를 유지한 채로 무너진 것도 있었는데 옥개석이 원형을 유지한 채로 무너져 매몰된 것으로 보인다.

지대석과 탑신받침은 일정하게 제 자리를 지키고 있지 않은 것 같다. 그것은 어떤 곳은 지대석으로 보이는 장대석 위에 장식처리를 한 탑신받침이 있기도 하고 또 어떤 곳은 지대석 없이 바로 탑신받침이 있기도 하기 때문이다. 이는 탑이 무너지고 또 다시 쌓고 하는 중수 과정에서 일어난 현상으로 짐작된다. 지대석 또는 탑신받침은 한변 560센티미터였는데 이는 안동에 있는 전탑 중에서 가장 큰 규모였다. 각변은 정확히 동 서 남 북을 가리켰고 지대석은

---

2   경상북도교육위원회, 『경상북도지명유래총람』, 1984, 74쪽.

한 변에 길이 15센티미터 내외의 장대석을 4-5개씩 연결하였다.

탑신받침의 윗부분은 외부로 드러나는 측면을 'ㄴ'자형으로 깎았다. 이러한 형태는 운흥동 5층전탑이나 조탑리 5층전탑 등의 탑신받침과도 유사하다. 북쪽 측면은 지대석 위에 바로 벽돌을 쌓아 탑신을 올린 흔적이 남아 있는데 이 벽돌 중에는 드물게 연화문 벽돌도 섞여 있었다.

지대석 외부에는 지대석의 바닥과 거의 같은 층에서 많은 기와와 벽돌 조각들이 깔려 있었다. 탑신을 쌓았던 벽돌들의 일부가 무질서하게 깔려 있던 것으로 보인다.

지표면을 제거한 후의 임하사 전탑터
뒤로 낙동강이 보인다.

지대석 또는 탑신받침으로 보이는 장대석들이 있고 그 위에 또 다른 장대석들을 올린 것이 보인다.

연화문과 당초문 벽돌의 출토상태

벽돌의 당초문

옥개석 형태를 유지한 채 무너진 벽돌 무더기

　　지대석 내부에서는 정 중앙의 약 110센티미터 아래에서 6면체의 화강암으
로 만든 심초석이 나왔다. 심초석의 크기는 길이 94센티미터 폭 92센티미터
높이 40센티미터이다.

　　심초석은 본래 목탑의 중심에 세운 기둥 즉 심주心柱를 세운 주초석이다.
임하사 전탑의 심초석은 심주를 받치고 있었는지는 확실하지 않다. 심초석 위
의 상태는 지하에 심초석을 놓고 지름 약 50센티미터 정도의 공간에 숯을 깔
고 불상파편 등을 집어넣고 다시 벽돌등을 진흙에 섞어 약 1미터 깊이로 채웠

上. 탑 터 중심 지하의 심초석
下. 심초석 중앙의 뚜껑을
　　벗긴 사리공

청도 운문사 작압전에서 나온
심초석

음을 볼 수 있다. 이런 상태는 심초석 위에 기둥이 올려져 있지 않았음을 말해
준다. 즉 임하사 전탑터의 심초석은 기둥을 세운다는 본래의 기능을 가지지
않았음을 말해주는 것이다. 이렇게 본래의 역학적 기능과 관계없이 목탑의 심
초석 구조를 받아들인 것은 전탑이 목탑의 양식을 충실히 받아들이고 있음을
보여주는 것이며 사리함을 안치하기 위한 시설로 보아야 할 것이다.

　　임하사 터의 지하에서 나온 심초석의 존재는 한국 전탑의 구조를 밝히는
데 매우 중요하다. 발굴된 자료는 아니지만 이 심초석과 거의 비슷한 것으로
본래 전탑이었던 청도군 운문사의 작압전에서 출토된 심초석이 있다. 이 심초
석은 석불좌상 대좌 밑에 있는 것이 확인되었다고 하는데 작압전이 전탑이었
을 때는 심초석이었을 것으로 추정된다. 초석의 중심에 있는 사리공도 임하사
터의 것과 유사하며 865년의 연대가 기록된 사리구가 나온 바 있다.[3] 작압전

3　　김길웅, 「운문사 작압전 출토 사리구에 대하여」, 『경주사학』 9, 동국대학교 국사학회, 1990, 65쪽.

은 지금 사모지붕을 한 소규모 단층 전각이지만 본래는 전탑이었음을 과거의 사진으로 알 수 있다.

이 외에도 사리함을 안치하기 위한 장치로서 심초석과 유사한 형태의 석함들이 탑신부 또는 상륜부의 찰주 초석에서 발견된 사례들이 있다. 칠곡 송림사 5층전탑에서는 2층 옥개부분에서 석함과 함께 화려한 금동제 사리기와 사리들이 발견되었고 3층 옥개에서는 나무뚜껑을 가진 석궤가 발견되어 주목받은 바 있다. 정선 정암사 수마노탑으로 알려진 7층 모전석탑에서는 3층 옥개부분에서 1713년의 연대가 새겨진 탑지석이 나왔고 기단부 밑의 적심부에서 사리장치를 넣기 위한 석함이 발견되었다. 이 탑의 기단부 밑에서 발견된 사리수납을 위한 석함은 함께 나온 고려시대 유물들로 인해 탑이 고려시대에 세워졌음이 밝혀졌지만 구조는 신라의 전탑양식을 그대로 받아들였을 것이다. 이 점에서 임하사 전탑터의 심초석과 직접적으로 연관되는 중요 유적이라 할 수 있다.

또 제천 장락동 모전석탑, 영양 산해리 모전석탑 등이 모두 상륜부 밑에서 석함이 나왔다. 또 영양 삼지동 모전석탑은 2층 옥개에서 석함이 나오기도 했다. 이들로부터 나온 유물들은 대체로 고려시대의 유물들이며 이는 전탑이나 모전석탑의 창건연대를 말해줄 수도 있으나 보수 과정에서 보수 당시의 유물이 별도로 안치되었을 가능성도 있다.

사리함과 사리병

심초석의 중심에는 지름 11센티미터 깊이 9.5센티미터의 원형 사리공이 있다. 사리공 내부에서는 맞배지붕의 가옥형태를 한 은제 사리함과 사리병 은제 고리와 은판 관옥 등의 유물이 들어 있었다.

사리함은 은으로 만들었고 외함과 내함으로 구성되어 있다. 내함 속에는 다

은제 사리 외함과 내함

사리함과 함께 출토된 옥대롱과 유리구슬

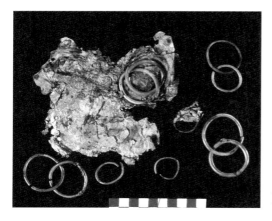

사리함과 함께 출토된 은제 고리들
금박으로 쌌다.

사리병

시 파란색 유리로 만든 사리병이 있었다. 외함은 맞배지붕의 건물 모양이며 지붕 처마에 얇은 풍경모양의 은판을 달았고 지붕 마루에는 초록색 유리구슬을 장식하였다. 바닥도 은판으로 되어 있고 바닥 위에 오동나무의 얇은 판을 깔았다. 크기는 밑면 5.5센티미터, 폭 3센티미터이다.

내함도 외함과 마찬가지로 은제품이다. 외함의 바닥 오동나무판에 작은 은제 못으로 박혀 고정되어 있었다. 거의 정육면체에 가깝고 뚜껑은 중심에서 네 모서리로 약간 마름선을 잡아 사모 뚜껑 형태를 취하였다. 뚜껑 중심에 톱니형 꽃잎의 장식을 붙였다. 크기는 길이 3센티미터, 폭 2.8센티미터 높이 2.5센티미터이다.

내함 속에는 짙은 청색의 유리제 사리병이 있었고 위에 은장식을 붙인 작은 유리구슬이 이 있었는데 뚜껑처럼 보였다. 또 은장식의 유리구슬들이 있었고 목걸이에 사용된 것으로 보이는 지름 2-3밀리미터 정도의 작은 청색 유리구슬들이 많이 나왔다.

이 밖에도 사리함 외부에 은제 고리와 관옥들이 있었다.

한국 전탑에서 안동 전탑의 의미

현재 한국의 전탑 분포를 보면 안동은 명실상부한 한국 전탑의 중심지이다. 그러나 지금 사라지고 없는 전탑까지 포함하여 한국에서 건립된 전탑 전체를 살펴볼 때 안동을 한국 전탑의 중심지로 말하기는 어렵다. 그것은 처음 전탑이 건립되기 시작한 지역은 경주이며 경주를 중심으로 한 지역에는 지금도 전탑이 세워졌던 흔적이 상당수 남아 있기 때문이다. 경주는 신라의 서울이며 신라문화의 중심이었고 불교문화도 경주를 중심으로 발달하였던 것을 생각하면 당연하다고 볼 수 있다.

경주 지역의 전탑관련 유적으로 가장 뚜렷하게 남아 있는 것은 분황사 모전석탑이다. 이 탑은 전탑이 아닌 모전석탑이지만 벽돌 대신 석재를 사용했을 뿐 전탑과 전혀 구분을 할 수 없는 탑이다. 석재 자체도 적갈색 안산암으로 벽돌과 거의 구분이 되지 않는다.

선덕여왕 3년(634) 축조했다는 이 탑은 현재 3층 만 남아 있으나 경주의 지방지인 동경잡기라는 책에 본래 9층이었다고 기록되어 있으며 이는 발굴조사에서 출토된 탑에 사용한 석재의 양으로 보아 사실로 보인다.[1]

경주 분황사 모전석탑

1층에는 탑신의 각 면마다 탑실이 있고 탑실의 문 양쪽에 화강암으로 만든 인
왕상이 서 있다. 벽돌을 제작하기 어려운 조건에서 전탑과 같은 형식의 탑을
세우기 위해서는 비슷한 모양과 색을 가진 석재를 이용하는 방법이 편리할 수
있다.

경주 지역에 전하는 순수한 전탑 유적으로는 삼국유사에 등장하는 양지화
상良志和尙이 지었다는 석장사 전탑터를 비롯하여 울산 농소읍 전탑터, 그리고

1   문화재관리국, 『분황사석탑 실측조사보고서』, 1992, 32~43쪽.

농소읍 전탑터의 벽돌과 비슷한 벽돌이 출토된 경주시 성건동의 삼랑사터도 전탑이 있었을 것으로 추정되고 있다. 이 밖에도 경주시 덕동과 인왕동에도 전탑에 사용되었을 것으로 보이는 문양 벽돌들이 발견되고 있어[2] 경주 지역의 전탑은 알려진 것보다 훨씬 많았을 것으로 생각된다.

분황사 모전석탑이 건립된 선덕여왕 시기는 양지가 세웠다는 석장사 전탑을 대표로 하여 많은 전탑들이 세워졌을 것으로 추정되고 있다. 특히 선덕여왕은 불교를 크게 진흥시키고 당나라에서 유학을 하던 자장을 귀국시켜 신라의 불국토사상을 완성시키려 하던 왕이다. 이 때 당나라에서는 그 이전에 세웠던 전탑들을 다시 크게 중수하고 대형 전탑들이 건립되던 시기였다. 이러한 시대적 상황은 신라에도 새로운 형태의 불탑들이 건립되는데 크게 영향을 미쳤을 것으로 보인다. 경주 지역의 전탑은 이런 배경에서 등장하였다고 추정할 수 있다.

석장사는 발굴되어 실제 전탑에 사용된 것으로 추정되는 벽돌들이 많이 출토되었다. 이 유적들에서 나온 벽돌들은 표면에 전각과 불상, 불탑 등이 많이 새겨져 있다. 양지가 석장사에 벽돌로 작은 탑을 세우고 그 안에 삼천여 불상을 만들어 탑에 모셨다고 한 것은 개개의 불상을 따로 만들어 탑 안에 안치한 것이 아니고 탑을 쌓은 벽돌의 표면에 불상을 조각한 것이라는 사실이 발굴을 통해 드러났다.

이로서 경주지역의 전탑은 이미 삼국시대 말기에 대대적으로 유행하였다는 것을 알 수 있다. 전탑은 규모는 그리 크지 않았을 것으로 추정되지만 외부에 불상이나 전각 불탑 등을 조각하여 매우 아름다운 공예품같은 외관을 가지고 있었음도 짐작할 수 있다.

목탑에 이어 당나라로부터 새로운 불교 문화로 들어와서 건립되기 시작한 전탑은 삼국통일 이후 감은사 3층석탑을 비롯한 석탑의 등장으로 새로운 건립이 중단된 것으로 보인다.

---

2   박홍국, 『한국의 전탑연구』, 학연문화사, 1998, 60~66쪽.

전탑에 사용되었던 것으로 추정되는 경주 석장사터 출토 벽돌

청도 불령사 전탑의 벽돌에 찍힌 전각과 불상과 탑들

그러나 안동 지역의 전탑들은 경주지역과는 몇 가지 점에서 다른 점을 보이고 있다. 우선 규모면에서 경주보다 좀 커진 듯하다. 경주 전탑의 실제 모습을 볼 수 없어 단정적으로 말하기는 어려우나 안동의 전탑들은 대체로 7층 높이의 대형탑으로 규모가 커지고 있음을 볼 수 있다. 이는 한국 전탑 중 최대 규모의 법흥동 7층전탑을 통해서도 알 수 있고 또 지금 5층으로 남아 있는 운흥동 5층전탑이나 탑 터만 남아 있던 임하사 전탑도 영가지에 본래는 7층이었다고 기록된 것을 보아도 알 수 있다.

　　안동 지역의 전탑에 사용한 벽돌은 현재 대부분 무늬가 없는 민무늬 벽돌들이지만 탑마다 부분적으로 남아 있는 무늬벽돌들로 보아 본래는 모두 무늬벽돌을 사용했을 것으로 추정된다. 경주 지역 전탑의 벽돌에 주로 불상, 불탑, 전각 등를 새긴 것에 비해서 안동의 전탑에는 당초문이나 연화문의 벽돌이 많이 사용되었다. 이는 경주의 전탑이 안동으로 전파되어 온 것이 아니라 경주의 전탑과 서로 다른 시기와 경로를 통해 들어왔을 가능성을 보여준다.

　　안동지역 전탑이 경주지역 전탑의 전통을 그대로 이어받아 세워지지 않았을 것이라는 가능성은 통일 이후 신라 불교가 안동지역을 중심으로 새로운 경향성을 보여주는 것일 수 있다. 곧, 안동 지역 전탑은 삼국통일 이후 경주지역에서 불탑의 주류가 전탑에서 석탑으로 바뀐 8세기 이후에 안동을 중심으로 새롭게 등장한 불탑 양식으로 보아야 할 것이다. 의상이 당에서 귀국한 이래 경북 북부지역에 근거를 마련하였고 그 제자들에 의해 안동지역을 중심으로 새로운 불교권을 형성하였다는 점은 안동지역의 전탑건립과 관련하여 주목할 만하다.

법흥동 7층전탑의 설경

안 동
문 화
100선

②①

안동의 전탑

초판1쇄 발행 2022년 12월 12일

기   획 한국국학진흥원
글·사진 임세권
펴 낸 이 홍종화

편집·디자인 오경희·조정화·오성현·신나래
             박선주·이효진·정성희
관리 박정대·임재필

펴낸곳 민속원
창업 홍기원
출판등록 제1990-000045호
주소 서울 마포구 토정로25길 41(대흥동 337-25)
전화 02) 804-3320, 805-3320, 806-3320(代)
팩스 02) 802-3346
이메일 minsok1@chollian.net, minsokwon@naver.com
홈페이지 www.minsokwon.com

ISBN 978-89-285-1777-0
SET   978-89-285-1142-6 04380